# essentials

Joseph Huber

# Der Euro

## Grundlagen, Krise, Aussichten

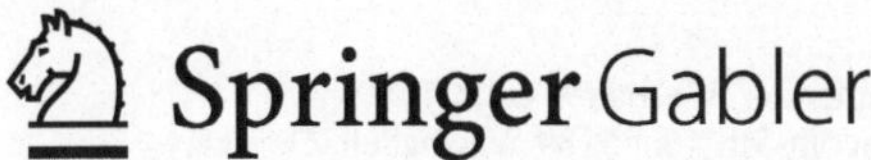

Joseph Huber
Martin-Luther-Universität
Halle an der Saale, Deutschland

ISSN 2197-6708          ISSN 2197-6716    (electronic)
essentials
ISBN 978-3-658-19318-8          ISBN 978-3-658-19319-5    (eBook)
DOI 10.1007/978-3-658-19319-5

Die Deutsche Nationalbibliothek verzeichnet diese Publikation in der Deutschen Nationalbiblio-
grafie; detaillierte bibliografische Daten sind im Internet über http://dnb.d-nb.de abrufbar.



Gedruckt auf säurefreiem und chlorfrei gebleichtem Papier

Springer Gabler ist Teil von Springer Nature
Die eingetragene Gesellschaft ist Springer Fachmedien Wiesbaden GmbH
Die Anschrift der Gesellschaft ist: Abraham-Lincoln-Str. 46, 65189 Wiesbaden, Germany

# Was Sie in diesem *essential* finden können

- die Gemeinschaftswährung im Spannungsfeld zwischen stabilitätspolitischen Präferenzen der nördlichen Euroländer und bevorzugter Weichwährungspolitik im Euro-Süden
- die Entstehung der Eurokrise aus der transatlantischen Bankenkrise und der Staatsschuldenkrise südlicher Euroländer
- das Krisenmanagement der Europäischen Zentralbank (EZB) und der Regierungen der Euroländer, um die Banken vor dem Zusammenbruch und die am meisten überschuldeten Staaten vor der Insolvenz zu bewahren; die damit verbundene Ent-Ankerung des Euro durch Bruch des No-Bail-Gesetzes und die faktische Staatsfinanzierung durch die EZB mittels der Politik der quantitativen Lockerung (‚Geld drucken‘ durch Aufkauf von Staatsschulden und anderen Aktiva der Banken und sonstigen Finanzfirmen).
- das Weiterschwelen der Banken- und Schuldenkrise statt ihrer Überwindung. Wie deshalb weiterhin eine Reihe negativer Entwicklungen drohen wie suboptimale Wirtschaftsdynamik, schlimmstenfalls Zerfall des Euro, eher jedoch schleichender Niedergang in einer Schulden- und Haftungsunion. Aber auch positive Reformperspektiven bleiben möglich.

# Inhaltsverzeichnis

# Ambivalente Grundlagen des Euro

## 1.1 Der politische Kontext

Für die Einführung des Euro gab es unterschiedliche Motive. Er wurde als Baustein einer „immer engeren Union" der EU-Mitgliedstaaten präsentiert. Darüber hinaus sollte die Europäische Währungsunion (EWU) dem „exorbitanten Privileg" des US-Dollars als einziger bedeutender Weltwährung etwas entgegensetzen. Aus französischer Sicht sollte der Euro dazu dienen, die damalige Währungsdominanz der D-Mark auf dem Kontinent zu beenden.[1] Frankreich und Deutschland hatten verschiedene Vorstellungen von einer Gemeinschaftswährung. Nach der französischen Vorstellung sollte die Geldpolitik als Hebel der Regierungspolitik verfügbar sein, auch unter Inkaufnahme erhöhter Inflation und Abwertung. Die deutsche Vorstellung beruhte auf dem ordoliberalen Konzept einer stabilen Währung unter Leitung einer unabhängigen Zentralbank, mit getrennter Verantwortung für Geldpolitik (Zentralbank) und Fiskalpolitik (Regierung).[2]

Der Euro war ein politisches Projekt, wurde der Öffentlichkeit jedoch als ökonomisches Vorhaben präsentiert. Ihm wurde mancherlei Vorteil zugeschrieben, zum Beispiel verringerte Transaktionskosten, erleichterter Handel, erhöhte Preistransparenz, Stärkung des gemeinsamen Marktes, ebenso die Etablierung des Euro als globaler Handels-, Finanz- und Reservewährung alternativ zum Dollar. Derartige Erwartungen waren nicht unbegründet. Die EWU repräsentiert 19 von 27 EU-Staaten (ohne Britannien). Der Geldbestand von 11,1 Billionen EUR (M2 Ende 2015) entspricht in etwa den 12,3 Billionen US$ zur gleichen Zeit.[3]

---

[1]Marsh (2009, S. 99, 2013, S. 4–19, 60).

[2]Blankart (2013, S. 9–23). Brunnermeier et al. (2016).

[3]Bundesbank Monatsberichte, Statistischer Teil, Tab. II.2. Federal Reserve of St. Louis, FRED Economic Data, https://fred.stlouisfed.org/series/M2.

© Springer Fachmedien Wiesbaden GmbH 2018
J. Huber, *Der Euro*, essentials, DOI 10.1007/978-3-658-19319-5_1

Auch wurde der Euro zu einer bedeutenden Handelswährung, auf die 30 % der grenzüberschreitenden Zahlungen entfallen. Der Anteil des Euro am weltweiten Kredit- und Anleihegeschäft beträgt 25 %.Dagegen nahm der Anteil des Euro als zweitgrößter Reservewährung von 28 % auf zuletzt 18 % ab.

## 1.2    Faktormobilität. Die Theorie optimaler Währungsräume und die Ausblendung des Sachzwangs interner Anpassung in einem einheitlichen Währungsraum

Unter Ökonomen wurde diskutiert, ob die Theorie optimaler Währungsräume für oder gegen den Euro sprach.[4] Diese Theorie besagt, dass anstelle einer eigenen nationalen Währung eine Währungsgemeinschaft vorteilhaft sein kann, wenn bestimmte Bedingungen erfüllt sind, insbesondere 1) ein hohes Maß an Handel unter den beteiligten Staaten, 2) grenzüberschreitende Kapitalmobilität und 3) Arbeitskräftemobilität.

Handel und grenzüberschreitende Wertschöpfungsketten hatten sich bereits vielversprechend entwickelt. Freier Kapitalverkehr war gewährleistet, ist jedoch unterhalb seiner Möglichkeiten geblieben. Ein erheblicher Teil der europäischen Banken- und Finanzmarktgeschäfte bezieht sich weiterhin auf einen nationalen Rahmen, obschon internationale Aktivitäten beträchtlich zugenommen haben. Hinsichtlich der grenzüberschreitenden Arbeitskräftemobilität lagen die Dinge ähnlich. Beschäftigungs- und Niederlassungsfreiheit waren im Prinzip gewährleistet, aber die tatsächliche Arbeitskräftemobilität ist vergleichsweise niedrig geblieben und folgt dem Muster einer vor allem nationalen, weniger auch grenzüberschreitenden Peripherie-Zentrum Wanderung. Alles in allem schien die Situation aus der theoretischen Sicht optimaler Währungsräume nicht ungünstig. Die Politik hoffte, die EWU würde die weitergehende Erfüllung der Bedingungen nach und nach mit sich bringen.

Die Theorie optimaler Währungsräume beinhaltet zudem, dass die Mitgliedstaaten einer Währungsunion de facto auf eine nationale Geld- und Währungspolitik verzichten. Die betreffenden Politik-Optionen werden auf die

---

[4]Mundell (1961), Goodhart (1998), Mongelli (2002, 2008).

Gemeinschaftsebene übertragen, im Fall des Euro auf die EZB und das Eurosystem. Darin sind die nationalen Zentralbanken den geld- und währungspolitischen Entscheidungen des EZB-Rats unterworfen.

Aufgrund dessen hätten sich die EWU-Mitgliedstaaten der Herausforderung einer *internen,* das heißt *nationalen Anpassung* von Zinsen, Preisen, Löhnen und öffentlichen Budgets stellen müssen, anstelle der bisher gewohnten Praxis externer Anpassung durch Abwertung der nationalen Währung. In vielen Euro-Mitgliedstaaten war die in Kauf genommene Abwertung der eigenen Währung sowie die fortwährende Kumulation öffentlicher Schulden ein bequemes Mittel, um nationale Strukturdefizite zu kompensieren. Das führte freilich auch zu einem schleichenden Verlust an Neuerungs- und Reformwilligkeit. Bloßer Kostenwettbewerb bringt letztlich nicht viel. Währungsabwertung sollte als Warnsignal verstanden werden, nicht als gewohnheitsmäßiges Linderungsmittel.

## 1.3  Disparitäten und Außenbilanz-Ungleichgewichte im Euroraum

Ein Argument gegen den Euro lautete von Beginn an, die Disparitäten im Euroraum bezüglich Produktivität, Wettbewerbsfähigkeit und Einkommen seien zu groß für eine gemeinsame Währung. Das ist weniger plausibel als es scheinen mag. Alle großen Nationalstaaten wie die USA, China, Indien, Russland, Brasilien weisen eine hochgradige Zentrum-Peripherie-Segregation auf. Die Disparitäten zwischen verschiedenen Regionen dieser Staaten sind oftmals ausgeprägter als in der EU, sodass diese Staaten unter dem Disparitäten-Aspekt nicht als tragfähige Währungsräume gelten könnten. Aber welche Krisen auch immer diese Länder durchlaufen haben, die gemeinsame nationale Währung stand dabei niemals infrage, außer im Amerikanischen Bürgerkrieg 1861–1865. Regionale Disparitäten stellen anscheinend kein grundlegendes Währungsproblem dar.

Ein ähnliches Argument bezieht sich auf außenwirtschaftliche Ungleichgewichte, das heißt, Handelsdefizite und Netto-Kapitalimport einerseits und Handelsüberschüsse und Netto-Kapitelexport andererseits. Wenn solche Ungleichgewichte über eine lange Zeit hinweg zu groß werden, können sie zu einem Problem werden. Finanziell handelt es sich dann um ein Gläubiger-Schuldner-Problem. Die Netto-Importländer verstricken sich mit der Zeit in eine chronische Überschuldung, oft auch in Verbindung mit Inflation und Währungsabwertung. Die Netto-Exportländer geraten demgegenüber in eine Situation von Über- oder Fehlinvestment, indem sich die missliche Aussicht eröffnet, dass ihre Auslandsvermögen abwerten oder abgeschrieben werden müssen.

Im schlimmsten Fall verlieren beide Seiten viel; die Schuldner für lange Zeit ihre Kreditwürdigkeit und viel Kaufkraft (Lebensstandard), die Gläubiger die Früchte ihrer Arbeit für den Export. Solange es gut geht, beneidet man die Exportnationen um ihre guten Geschäfte. Wenn es aber nicht mehr läuft, sind faktisch die Exportnationen die Betrogenen, die für andere umsonst gearbeitet haben. Daher charakterisiert der US-Ökonom Wray die habituelle Defizit-Politik seines Landes auf der Grundlage des US-Dollar-Privilegs als „Beggar-thy-neighbor"-Strategie.[5]

Völlig ausgeglichene Handels- und Kapitalströme gibt es praktisch nicht. Daher waren Außenbilanzen zu Beginn der Währungsunion kein Thema. Sie waren auch zuvor kein Thema, obschon Deutschland in den 1980er Jahren im Verhältnis zum BIP noch höhere Überschüsse erzielte als heute. Seit jedoch 2010–2012 die Krise einsetzte, sind Nettoimport- und Schuldner-Länder schnell damit bei der Hand, die Schuld an der Eurokrise den Netto-Exporteuren von Gütern und Kapital zuzuschieben – als würden Export und Import nicht zusammengehören. Eine nationale Überschuldung hat niemand anders zu verantworten als die betreffende Nation selbst. Gleiches gilt für die Risiko-Überexposition der Wirtschaft von Netto-Exportländern, die an chronische Defizitländer liefern und womöglich auch noch deren Schulden mitfinanzieren.

In der keynesianischen Hemisphäre der Ökonomik gilt die Eurokrise nicht als Schuldenkrise, sondern als eine Krise von außenwirtschaftlichen Ungleichgewichten. Gewiss. Zwischen einer Überschuldungskrise und einer Krise durch verfestigte große Ungleichgewichte besteht überhaupt kein Unterschied. Denn die Kausalität verfestigter Ungleichgewichte läuft nicht von den Export- zu den Importländern, sondern sie hat ihren Ursprung genau umgekehrt in Importländern, die ihre Käufe auf einer überdehnten Schuldenbasis finanzieren.

Die missbräuchliche Interpretation von überschüssigen und defizitären Salden spielt in diesem Zusammenhang eine ungute Rolle. Saldenmechanik ist eine Form von makroökonomischer Buchhaltung, meist unter Zugrundelegung eines aggregierten Modells des privaten, öffentlichen und Außensektors einer nationalen Ökonomie.[6] Die Belastung eines Sektoren-Kontos und eine entsprechende Gutschrift auf einem anderen Sektoren-Konto bilden einen paarweisen Eintrag wie bei der doppelten Buchführung. Von daher addieren sich alle Einträge sowie der Gesamtsaldo aller Konten auf null. So weit, so gut.

---

[5]Wray (2012, S. 218).
[6]Stützel (1958), Godley und Lavoie (2007).

Das ungute Element kommt ins Spiel, wenn bestimmte Salden aufgrund politischer Interessen willkürlich ausgelegt werden, zum Beispiel in der Weise, Defizite und Schulden des öffentlichen Sektors seien irrelevant da ihnen Einkommen und Vermögen des privaten Sektors gegenüber stünden, ohne zu fragen, wie die Vermögen verteilt sind und wie weit die Schulden Steuermittel absorbieren und die Handlungsfähigkeit einer Regierung beeinträchtigen. Oder, die Überschüsse von Exportnationen würden andere Nationen in das Joch von Außenwirtschafts-Defiziten zwingen. Wie denn? Salden zeigen ein Ergebnis, erklären es aber nicht. In einer offenen Marktwirtschaft hat eine Regierung auf außenwirtschaftliche Defizite und Überschüsse keinen direkten Einfluss, denn die Salden sind das Ergebnis individueller Firmen- und Haushaltsentscheidungen in den Defizit-ebenso wie in den Überschussländern. Zudem kann eine einzelne Nation in der Währungsunion weder den Währungskurs manipulieren noch Zölle abändern.

Mancher wirft speziell Deutschland vor, die Einkommen seien zu niedrig, daher werde zu wenig konsumiert und importiert, und zu viel gespart. In Wirklichkeit sind die Bruttoeinkommen in Deutschland mit die höchsten in der EU, vergleichbar denen in den Niederlanden, Österreich und Skandinavien.[7] Die Sparquote hält sich im erwartbaren Rahmen des Altersdurchschnitts der Bevölkerung. Mit Blick auf die Netto-Importländer im Euro-Süden ist dagegen festzustellen, dass die dortigen Gehalts-, Sozialtransfer- und Konsumsteigerungen speziell im Zeitraum von 2000 bis Einsetzen der Krise 2008 mit massiven Zuwachsraten der Lohnstückkosten einhergingen. Die Steigerungen erfolgten also stark BIP-überproportional und waren entsprechend schuldenfinanziert. Im Euro-Norden wuchsen die Lohnstückkosten gleichbleibend, in Deutschland teils mit abnehmender Rate.[8] An Lohndrückerei lag das nicht (obschon ein etwas stärkerer, BIP-proportionaler Einkommensanstieg, wie inzwischen eingetreten, wünschenswert gewesen wäre). Viel mehr lag es an der relativ hohen Technik- bzw. Kapitalintensität, die in Deutschland aufgrund seines relativ großen Industriesektors eine Rolle spielt.

Ein weiterer Aspekt in diesem Kontext ist der Wechselkurs des Euro. Für die nördlichen Euroländer wird er niedriger, für die südlichen Euroländer höher angenommen als er es bei Vorhandensein nationaler Währungen der Euroländer vermutlich wäre. Je nach Studie fallen die Werte unterschiedlich, in der Tendenz

---

[7]Bruttomonatsverdienste in der EU 2008, Statista Portal, https://de.statista.com/statistik/daten/studie/183571/umfrage/bruttomonatsverdienst-in-der-eu. 15-04-2016.
[8]Felipe und Kumar (2011, S. 7), Schröder (2015, S. 93).

meist aber ähnlich aus. Als unterbewertet erscheint der Euro zum Beispiel für Finnland (12 %) oder Deutschland (8–12 %), überbewertet für Griechenland (10–20 %) oder Portugal (15 %). Spanien und Italien erscheinen als weniger überbewertet. Frankreich wird uneinheitlich zwischen Über- und Unterbewertung angegeben.[9] Infolge der angenommenen Unterbewertung haben die Länder des Euro-Nordens einen gewissen Kostenvorteil im Export, die Länder des Euro-Südens infolge der Überwertung einen gewissen Nachteil im Kostenwettbewerb. Ob der unterstellte Vor- oder Nachteil für die wirtschaftliche Situation der verschiedenen Länder wirklich so bedeutend ist, wie behauptet wird, bleibe dahingestellt. Die heute üblichen Währungsschwankungen an den Devisenmärkten fallen im Vergleich oft stärker ins Gewicht.

Hinzu kommt, dass dem Kostenvorteil der nördlichen Euroländer ein Kostennachteil beim Import gegenübersteht. Hätten die nördlichen Euroländer eine höher bewertete Währung, könnten sie billiger importieren. Demgegenüber haben die südlichen Euroländer beim Import einen entsprechenden Kaufkraftvorteil. Diesen Aspekt blendet man jedoch aus. Des Weiteren beachtet das Währungskurs-Argument nicht die Struktur der jeweiligen nationalen Exportbasis. So steht Deutschland weniger in einem Kostenwettbewerb mit Middle- und Low-End-Produkten, als vielmehr im Qualitätswettbewerb höherpreisiger industrieller Güter und Dienste. Eben deshalb erzielen zum Beispiel die Schweiz und andere Länder gemessen an ihrem BIP noch höhere Außenwirtschaftsüberschüsse als Deutschland *trotz* eines aufwertenden bzw. permanent hohen Wechselkurses ihrer Währung.

Verfestigte und zu große Außenbilanz-Ungleichgewichte *sind* ein Problem wie jede andere Konstellation von Überschuldung und Risiko-Überexposition. Ein Problem für eine Gemeinschaftswährung wie den Euro wird daraus aber nur, wenn und weil die betroffenen Gläubiger und Schuldner die Risiken ihrer Überexposition auf andere abzuwälzen trachten statt selbst zu haften.

---

[9]Deutsche Bank Research (2017, S. 3), unter Rückgriff auf entsprechende Studien des IWF und der Basel Bank für Internationalen Zahlungsausgleich; Folkerts-Landau (2017, S. 22); www.world-economics.com/WorldPriceIndex/WPI.efp, 12 Mai 2017. Die Studien beruhen auf einem Vergleich der nationalen Kaufkraftparitäten (KKP) mit der KKP der USA zum Wechselkurs des US-Dollars. Methodologisch ist das anfechtbar. Annähernd "homogene" globale Güter gibt es nur wenige, und dass solche Güter überall den gleichen Preis haben müssten, ist graue Gleichgewichtstheorie.

## 1.4    Fortbestehende nationale Muster der Geld- und Fiskalpolitik. Nord-Süd-Divergenz

Wenn Disparitäten und Außenbilanz-Ungleichgewichte nicht per se ein Problem für eine Währungsunion darstellen, so muss es dafür andere Gründe geben. Ein offensichtlicher Grund sind fortbestehende nationale Identitäten, einschließlich divergenter Muster politisch-ökonomischen Verhaltens. Es gibt im Rahmen absehbarer Horizonte keine europäische Identität, die nationale Identitäten ersetzen könnte. Es gibt Parteifraktionen im Europaparlament, aber keine gesamteuropäischen Parteien. Die Presse und andere Massenmedien sind national geblieben, schon alleine aufgrund der vielen Sprachen Europas. Es gibt keine gesamteuropäische Öffentlichkeit.

Von besonderer Relevanz für den Euro sind divergente nationale Auffassungen zur Geld- und Fiskalpolitik. Die Präferenzen bewegen sich zwischen

- lockerem versus bemessenem Geld,
- einer Präferenz für eine Defizit- und Schulden-permissive Politik versus eine Schulden-averse Politik ausgeglichener Haushalte,
- einer Geldpolitik im Interesse der jeweiligen Regierung versus unabhängigen Zentralbanken,
- einer Akzeptanz höherer Inflation versus Akzeptanz nur für geringe Inflation,
- Hinnahme einer Weichwährungs-Situation versus Präferenz für eine stabile starke Währung.

Solche konträren Orientierungen kommen innerhalb jedes Landes zum Tragen, und ebenso charakterisieren sie komparative Unterschiede zwischen den Nationen. Im Hinblick auf den Euro ist es ein offenes Geheimnis, dass die divergenten geld- und fiskalpolitischen Einstellungen die Nord-Süd-Kluft in der Währungsunion prägen.[10] Die Nord-Süd-Formel ist sicherlich eine Vereinfachung. Sie mag hier als solche angehen, um wiederkehrende komplizierte Auflistungen der verschiedenen Euroländer zu vermeiden, einschließlich der östlichen Euroländer, die aus heutiger Sicht im Wesentlichen dem Euro-Norden zuzurechnen sind.

Allgemein betrachtet man heute Geld- und Fiskalpolitik als ein Tandem im Dienst der Wirtschafts- und Sozialpolitik. Von einem solchen Tandem-Standpunkt aus scheint es, als müsse eine Gemeinschaftswährung um eine Gemeinschaftspolitik

---

[10]Vgl. Reitz und Jost (2017, S. 1–6).

bezüglich Steuern, Budgets und Staatsverschuldung ergänzt werden. Die Euro-Mitgliedstaaten zeigten jedoch von vornherein keine Bereitschaft zu einer gemeinschaftlichen Fiskalpolitik. Bürger und Politiker sind nun einmal vor allem Bürger ihres Heimatlandes. Als Bürger der EU fühlen sie sich erst in zweiter Linie.

Als Ersatz für die vermeintlich fehlende gemeinsame Fiskalpolitik wollten sich die künftigen Europartner ein gewisses Maß an Haushaltsdisziplin in Form der Euro-Konvergenzkriterien auferlegen, besser bekannt als Maastricht-Kriterien von 1991–1993. Darin wurden kritische Schwellenwerte festgelegt, 3 % für das gesamtstaatliche Haushaltsdefizit, 60 % des BIP für die Staatsschuld, sowie eine kurz- und langfristig spezifizierte niedrige Inflationsrate. Die Zahlen spiegelten die Lage zu jener Zeit wider. Eine wissenschaftliche Fundierung gibt es dafür nicht.

Ein weiteres Element zur Stärkung der Fiskaldisziplin sollte die No-Bailout-Regel des Lissabon-Vertrags sein. Art. 125 AEUV besagt: „Die Union haftet nicht für die Verbindlichkeiten … von Mitgliedstaaten und tritt nicht für derartige Verbindlichkeiten ein. … Ein Mitgliedstaat haftet nicht für die Verbindlichkeiten … eines anderen Mitgliedstaats." Dieser Artikel bedeutet zugleich eine faktische Übereinkunft über die Abtretung der monetären Hoheitsrechte an die Währungsunion, einschließlich der Option einer willentlichen Währungsabwertung. Dies beinhaltet seinerseits die Bereitschaft, gegebenenfalls einen Zwang zu interner nationaler Anpassung anzuerkennen und keine Finanzhilfe von außen zu erwarten.

# Die Krise des Euro

## 2.1 Die Eurokrise ist eine Banken- und Schuldenkrise, die zu einer Währungskrise stilisiert wurde

Von 2000 bis 2008/2009 schienen die Indikatoren den Euro-Optimisten recht zu geben. Der Aachener Karlspreis „für Verdienste um die europäische Einigung" wurde 2002 an den Euro vergeben. Die damalige allgemeine Niedrigzins-Konvergenz wurde als Bestätigung der erhofften Finanz- und Wirtschaftsintegration im Euroraum gedeutet. Die erhoffte Angleichung erwies sich jedoch als Illusion, als Marktversagen bezüglich der Niedrigzins-Konvergenz auf Staatsanleihen der Euroländer ungeachtet ihrer tatsächlichen Wirtschafts- und Finanzstärke und ungeachtet ihrer öffentlichen und privaten Verschuldung.[1] Die Märkte glaubten den Euro-Befürwortern und wetteten darauf, dass die bisherigen Schwachwährungsländer sich den Starkwährungsländern angleichen würden. Dies trug zur Konvergenz der Anleihezinsen nach unten bei und führte zu einer öffentlichen, teils auch privaten Schuldenblase.

Die Schuldentour der Regierungen wurde durch eine entsprechende Kreditblase finanziert, getragen von primärem Bankenkredit und sekundären Kapitalmarktanlagen. Gleichzeitig trugen dieselben Banken und institutionellen Anleger in hohem Maß dazu bei, die Subprime Housing Bubble in den USA und die Immobilienblasen in Irland, Spanien und anderen Orten zu finanzieren.

Die amerikanische Subprime-Blase platzte zuerst, 2007–2008, gefolgt von den Immobilienkrisen in Irland und Spanien. Dadurch wurde die transatlantische Bankenkrise hervorgerufen. Danach erst setzte in den Jahren 2010–2012 die Eurokrise ein. Diese war zunächst nur eine Staatsschuldenkrise in einer Reihe

---

[1]Mayer (2013, S. 79–101).

© Springer Fachmedien Wiesbaden GmbH 2018

J. Huber, *Der Euro*, essentials, DOI 10.1007/978-3-658-19319-5_2

von Euroländern, ausgelöst durch die zuvor einsetzende Bankenkrise.[2] Aufgrund der Subprime-Krise erlitten viele Banken große Verluste auf Immobilienkredite, Immobilien-besicherte Wertpapiere und Immobilien-bezogene Kreditausfallversicherungen. Da es unklar war, welche Banken davon wie weit betroffen waren, hörten alle Banken auf, einander Geld (Zentralbank-Reserven) zu leihen. Der Interbankenmarkt, unabdingbar für den bankensektoralen Ausgleich von Zahlungs-Überschüssen und -Defiziten, kam zum Erliegen. Mit der Nicht-Rettung von Lehman Brothers und dem Zusammenbruch des Kreditausfallversicherers AIG stand das Schreckgespenst eines Totalzusammenbruchs des amerikanischen und europäischen Banken- und Finanzsektors im Raum und damit der Sachzwang, bedrohte Banken durch sofortige Interventionen der Zentralbanken und Regierungen retten zu müssen.

Die Rekapitalisierung von Banken durch betreffende Regierungen führte zu einem neuerlichen Schub an Staatsverschuldung, prototypisch in Irland und Spanien. Der zusätzliche Staatsschuldenschub wiederum ließ bei den Banken und institutionellen Anlegern plötzliche Zweifel an der Bonität bestimmter Schuldnerstaaten aufkommen. Die Banken und Investoren, die sich von den Euro-Regierungen retten ließen, bedankten sich nun dafür, indem sie die Anleihen einer Reihe der schwächeren Eurostaaten umgehend hängen ließen. Quasi über Nacht kam es zu einer Neubewertung der Kreditwürdigkeit der betroffenen Regierungen. Die Kurse der Anleihen gingen steil bergab, die Anleihezinsen steil bergauf.

Dies führte zu einer zweiten Phase der Bankenkrise, nun infolge drohender und teils bereits eintretender Verluste auf Staatsschulden. Von den Regierungen, die von der plötzlichen Neubewertung ihrer Kreditwürdigkeit getroffen wurden, drohten Zahlungsausfälle. Faktisch war dies das teilweise Platzen der Staatsschuldenblase der zurückliegenden Jahrzehnte. Die Nord-Süd-Divergenz der Eurozone trat offen zutage, mit den am stärksten betroffenen Schuldnerstaaten im Süden, und den betroffenen Gläubigerbanken und nachfolgenden Gläubigerregierungen überwiegend im Norden.

Der Zusammenhalt der Gemeinschaftswährung war von dem Moment an bedroht, als „systemisch relevante" Banker, zunächst vor allem aus Frankreich und Deutschland, übers Wochenende Angst einjagende Telefonanrufe tätigten. Sie wollten ihre gefährdeten Kreditforderungen, Staatsanleihen und sonstigen Aktiva durch Interventionen der Regierungen und der Zentralbanken gerettet

---

[2]Für eine umfassende Analyse der transatlantischen Finanzkrise siehe Peukert (2012), Wolf (2014), Turner (2015), Financial Crisis Inquiry Committee (2011).

haben. Ebenso lagen Bailouts im Interesse der besonders exponierten Schuldner-Regierungen, um eine faktische Staatsinsolvenz zu verhindern, und um eine interne nationale Anpassung der Niveaus von Löhnen, Preisen, Zinsen, Steuern und Staatsausgaben so weit wie möglich zu vermeiden. Der Öffentlichkeit wurde gesagt, der Euro stünde auf dem Spiel, und mit ihm gleich die EU. Ob es sich hierbei um eine Panikattacke oder Kaltschnäuzigkeit handelte, so oder so führte es zu denselben problematischen Folgen.

Die Banken- und Schuldenkrise in der EU hätte nicht zu einer Euro-Währungskrise stilisiert werden brauchen. In den USA werden einzelne Bundesstaaten durchaus einmal zahlungsunfähig, aber eine Dollarkrise hat es deswegen nie gegeben. Der Grund liegt darin, dass es in den USA, nach anfänglich ähnlich schwierigen Erfahrungen wie heute im Euroraum, seit den 1840er Jahren eine No-Bailout-Regel gibt, die seither auch eingehalten wird.

## 2.2  Krisenmanagement vonseiten der Regierungen – Der Euro-Sündenfall: Bruch der No-Bailout-Regel und Widerstand gegen interne Anpassung

Ab 2008 ergriffen die Euro-Regierungen eine Reihe von Maßnahmen, darunter die folgenden:

- allgemeine Staatsgarantien für Verbindlichkeiten der Banken,
- Rekapitalisierung insolventer Banken,
- Bildung staatsfinanzierter Bankenrettungsfonds,
- Bildung staatlicher Bad Banks, auf die private Geschäfts- und Investmentbanken einen Teil ihrer toxischen Wertpapiere und faulen Kredite abladen konnten.

Mit diesen und ähnlichen Maßnahmen unterstrichen die Regierungen ihre Rolle als Garantiegeber letzter Instanz im heutigen Zentralbank-gestützten und staatlich gewährleisteten privaten Giralgeldregime der Banken.

Als ab 2010–2012 die Staatsschuldenkrise in den südlichen Euroländern einsetzte, kamen die nationalen Regierungen strauchelnden Banken und Anlegern erneut zu Hilfe, ebenso wie diesmal auch den vom Wertverfall bedrohten Staatsanleihen und den Regierungen, die diese Anleihen begeben hatten. Zu den zwischenstaatlichen Hilfen gehörten:

- bilaterale Notkredite,
- multilaterale länderspezifische Rettungspakete,

- seit 2010 gefolgt von den eigens geschaffenen Bailout-Einrichtungen der EU in Form des EFSF (European Financial Stability Facility) und des EFSM (European Financial Stability Mechanism), nachfolgend ersetzt durch den
- ESM (European Stability Mechanism) in 2012. Aufgrund eines speziellen Beschlusses unterstützen diese Institutionen finanziell nicht nur nationale Regierungen, sondern auch Banken in den betreffenden Ländern.

Die ESM-Rettungspakete beinhalten die Zusammenarbeit mit dem Internationalen Währungsfonds (IWF). Die nördlichen Gläubiger-Regierungen erhofften sich davon eine bessere Akzeptanz der Konditionalität der Rettungspakete – was sich als eine weitere Illusion erwies. Zu den Konditionen gehörten außer einem teilweisen Schuldenerlass (einem Drittel in Griechenland), Umschuldungen mit günstigeren Zinsen und Laufzeiten sowie neuen Rettungskrediten auch die üblichen Elemente einer Sparpolitik (Austerität). Das bedeutet reduzierte Staatsausgaben (für Gesundheit, Renten, Sozialtransfers, Subventionen, öffentliche Investitionen), Anhebung des unzureichenden Steueraufkommens und Verkauf öffentlicher Unternehmen und Infrastrukturen an private Investoren, praktisch meist aus dem Ausland. Als Kontrollorgan für die Umsetzung der Krisenprogramme wurde die „Troika" installiert, bestehend aus Vertretern der EU-Kommission, der EZB und des IWF.

Die Rhetorik der „Rettung" und „Hilfe" verdeckt, dass es hierbei nur bedingt um die wirtschaftliche Gesundung eines betreffenden Landes geht, unbedingt aber darum, Mittel zu generieren, um die Zahlungsfähigkeit der Schuldner so weit aufrecht zu erhalten, dass die Forderungen der Gläubiger bedient werden können.

Im Zuge der Entfaltung der Banken- und Schuldenkrise legten die Regierungen und die Zentralbanken ein Verhalten an den Tag, das sich um die Gesetzeslage wenig kümmerte. Die Maastricht-Kriterien wurden bei Bedarf beiseitegeschoben, angefangen schon vor der Krise mit den Regierungen Chirac (Frankreich) und Schröder (Deutschland) in 2003. Ein anderes Beispiel ist der Art. 123 AEUV, auf den weiter unten noch eingegangen wird. Das schlagendste Beispiel jedoch ist die ungenierte Missachtung des No-Bailout-Artikels 125 AEUV. Sämtliche der oben angeführten Krisenmaßnahmen der Regierungen sind nichts anderes als Bailout, zwischenstaatliches Einstehen für einzelstaatliche Verbindlichkeiten, zunächst eher situativ, dann in institutionalisiertem Bruch des Art. 125 AEUV.[3]

---

[3]Siehe auch Vaubel (2012).

## 2.3   Die Ergebnisse der Regierungs-Interventionen: Krisenverschleppung, Bailout statt interne Anpassung, neonationalistische Konfrontation

Nach fast einem Jahrzehnt Finanzkrisen-Management der Euro-Regierungen muss man feststellen, dass die Banken- und Schuldenkrise nicht überwunden ist. Sie wurde zum größeren Teil aufgeschoben, aber nicht aufgehoben. Die im Verlauf der Entwicklungen aufgetretenen Zerwürfnisse zwischen Gläubiger- und Schuldnerländern stellen sich nun in der Tat als Eurokrise dar.[4]

Die entscheidende Ent-Ankerung war die Missachtung der No-Bailout-Regel. Damit kam aufseiten der zunächst privaten Gläubiger (Banken und andere institutionelle Anleger) die Weigerung zum Ausdruck, die betreffenden Kreditrisiken voll zu tragen, sowie aufseiten der Schuldnerstaaten die Weigerung, für ihre Schulden zu haften und ihre ökonomischen Verhältnisse intern anzupassen. Was die Banken- und Schuldenkrise zu einer Krise des Euro machte, war in der Tat die kombinierte Zurückweisung der Prinzipien des No-Bailout und der internen Anpassung.

Die damit geschaffene Situation ist in mehreren Punkten unhaltbar. Erstens wurde die Krise verschleppt statt gelöst. Zugegeben, man hatte schnell zwischen zwei großen Übeln zu entscheiden: Finanzkatastrophe sofort, oder von nun an fortgesetzte zwischenstaatliche Bailouts, exzessives Quantitative Easing, Niedrigst- und Negativzins und andere Mittel der finanziellen Repression.[5] Vor einer solchen Wahl zwischen einem Ende mit Schrecken oder einem Schrecken ohne Ende liegt Politikern letzteres wohl näher, umso mehr als ein Totalzusammenbruch des Banken- und Finanzwesens auch die politischen und sozialen Verhältnisse destabilisiert – was ein Schrecken ohne Ende auf Dauer freilich ebenso tut.

Infolgedessen, und zweitens, haben alle Regierungen die jeweilige nationale Bankenindustrie vor dem Kollaps bewahrt, in vielen Fällen jedoch ohne die betreffenden Banken nachhaltig zu sanieren. Das gilt auch für Deutschland, nicht nur für Italien und Griechenland.

Drittens haben die finanziell weniger gefährdeten Regierungen mit ihrer Bailout-Politik einen schweren strategischen Fehler begangen. Sie haben die Banken und institutionellen Investoren gleichsam aus der Gefechtslinie genommen

---

[4]Die Sackgasse der unhaltbaren Sachzwänge der Euro-Rettungspolitik, sowohl was die Regierungen als auch die EZB angeht, ist detailliert dargelegt in Sinn 2014.

[5]Zum Thema finanzielle Repression vgl. Diaz-Alejandro (1984); Reinhart und Sbrancia (2015); Smith (2014).

und sich selbst dorthin gestellt. Anstatt dass Gläubigerbanken und Schuldnerländer sich miteinander herumschlagen, findet die Konfrontation seither zwischen nördlichen Gläubiger-Regierungen und südlichen Schuldner-Regierungen statt. Unvermeidlicherweise wurden die Bailout-Programme mit Konditionen versehen, und eben dies hat zu heftigen und zunehmend neonationalistischen Feindseligkeiten der Schuldnerstaaten gegen die Gläubigerstaaten geführt. Damit rächt sich das Versäumnis, bei der Gründung der Währungsunion nicht klar und eindeutig das Prinzip der internen Anpassung verankert zu haben. Dieser Dreh- und Angelpunkt des Euro-Deals blieb unausgesprochen, falls er den Europolitikern überhaupt bewusst war.

## 2.4   Was man hätte wissen können: Es liegt am Geldsystem

Geschah die Banken- und Staatsanleihen-Rettung aus bloßem Eigeninteresse der Gläubigerbanken, Großanleger und Schuldnerregierungen, oder gab es dafür noch weitergehende Gründe? Es gab sie, und zwar fundamentaler Art.

Im heutigen Geldsystem entsteht alles Geld zunächst als Bankenkreditgeld, als Gutschrift einer Bank auf dem Girokonto einer Nichtbank (eines Kunden). Dieses Giralgeld für bargeldlose Zahlungen ist seit vielen Jahrzehnten zum alles bestimmenden Zahlungsmittel geworden. Giralgeld entsteht als eine pro-aktive Schöpfung des Bankensektors, nicht der Zentralbanken, die das Giralgeld nur zum Bruchteil re-finanzieren. Von daher ist heute das Giralgeld der Bankkunden untrennbar gebunden an das Darlehens- und Investment-Geschäft der Banken sowie auch den bargeldlosen Zahlungsverkehr durch die Banken. Würde die Bankenindustrie in einer systemischen Krise einen Zusammenbruch erleiden, würden nicht nur viele Banken selbst untergehen, sondern mit ihnen würden auch ihre Verbindlichkeiten verschwinden, damit auch das Giralgeld der Nichtbanken, das heißt der Firmen, Haushalte und zum großen Teil auch öffentlichen Haushalte. Das Zahlungssystem käme zum Erliegen und damit die Wirtschaft überhaupt. Aus diesem Grund sind nicht nur die großen Banken, sondern faktisch alle Banken „systemisch relevant". Ihre Zahlungsdienste und primären Finanzierungsleistungen sind unter den bestehenden Verhältnissen unersetzbar. Nicht einmal eine Umstellung auf Bargeldverkehr wäre möglich, da alleine schon der Versuch mangels Vorhandensein dieses Geldes zum Zusammenbruch der Banken führt. Im Giralgeldregime ist es einerlei, ob man sagt, es gehe um den Bestand des Geldes oder um die Existenz der Banken. Um in einer Krise das Geld der Leute, Firmen und des Staates zu retten, sind die Regierungen und Zentralbanken gezwungen, die Banken zu retten. Das gibt den Banken die nötigende Macht, ihre Interessen durchzusetzen.

Das Strukturprinzip dahinter ist die dysfunktionale Identität von Geld und Bankkredit. Dies ist seit 200 Jahren bekannt und heftig umstritten gewesen, zuerst in der politischen Kontroverse zwischen der British Currency School und Banking School in den 1830–1840er Jahren. Seit den Wachstumsjahren nach dem Zweiten Weltkrieg scheint man dies allerdings vergessen oder absichtlich beiseitegeschoben zu haben. Die Verquickung der Geldschöpfung und des Zahlungsverkehrs mit dem Darlehens- und Investmentgeschäft der Banken ist ein Konstruktionsfehler im heutigen Geld- und Bankensystem. Dieses besteht als privates Giralgeldregime, das von den Zentralbanken gleichsam bedingungslos re-finanziert und von den Regierungen als Garantiegebern letzter Instanz gewährleistet wird.

Im Ergebnis befördert das Giralgeldregime finanzielle und wirtschaftliche Instabilität in Form von Inflation, zurückliegend vor allem als Asset-Inflation sowie Kredit-, Wertpapier- und Immobilienblasen, resultierend in Banken-, Schulden- und Währungskrisen. In solchen Krisen tritt die Bestands-Unsicherheit des Giralgeldes zutage, da es sich nicht um staatliches Geld bzw. Zentralbankgeld handelt (Vollgeld), also nicht um tatsächlich vorhandene gesetzliche Zahlungsmittel, sondern nur um ein Versprechen der Banken, solches Vollgeld auf Verlangen der Kunden bereitzustellen. In dieser Hinsicht aber ist das Giralgeld der Banken zu 97,5 % leeres Geld. Zudem bewirkt überschießende Giralgeldschöpfung, die Kredit- und Schuldenblasen nährt, eine Verschiebung der Einkommensverteilung zugunsten der Finanzeinkommen und zulasten der Arbeitseinkommen.[6]

Zu den strukturellen Voraussetzungen für das Giralgeldregime der Banken und seine wiederkehrenden Probleme gehört eine spezifische Kombination von Markt- und Staatsversagen. Das Marktversagen beruht zunächst darauf, dass modernes Zeichengeld im Prinzip in beliebiger Höhe bereitgestellt werden kann, von den Münzen und Banknoten über das Zentralbank-Buchgeld (Reserven) und das Giralgeld der Banken bis zu den Geldmarktfonds-Anteilen, die heute an den Finanzmärkten verbreitet als Zahlungsmittel benutzt werden (als Giralgeld-Surrogat).

Unter dieser Voraussetzung besteht das Marktversagen darin, dass der Bankensektor und die Finanzmärkte aus sich heraus keine Grenzen der Geld-, Kredit- und Schuldenausdehnung finden. Denn es liegt im Geschäftsinteresse der Banken und institutionellen Anleger, Kredite und Schulden, und damit rentierliche Finanzvermögen, so weit als jeweils möglich auszudehnen. Die negative

---

[6]Vgl. Atkinson (2015, S. 18, 95–111 ff.).

und daher begrenzende Rückkopplung zwischen gegenläufigen Angebots- und Nachfragekurven wird überlagert von einer positiven und daher überschießenden Rückkopplungsdynamik – so lange, bis die Forderungen bzw. Verbindlichkeiten eines Tages nicht mehr ausreichend bedient werden und eine brachiale Selbstkorrektur der aufgeblähten Geldmengen und überdehnten Finanzen erfolgt.[7] Die Produktivität einer Wirtschaft lässt sich durch Finanzgeschäfte ohne Beitrag zur BIP-Finanzierung ein Stück weit ausbeuten, aber überwinden lässt sich die Schwerkraft des Wirtschaftsprodukts und der Einkommen durch monetäre und finanzielle Tricksereien nicht.

Das Staatsversagen hat demgegenüber nicht nur in der zügellosen Schuldenpolitik bestanden, sondern mehr noch zeigt es sich in der ineffektiv gewordenen Geldpolitik der Zentralbanken. Indem die Zentralbanken die von den Banken geschaffenen Tatsachen heute stets reaktiv re-finanzieren, hat die Ausbreitung des Giralgeldregimes zunächst den Verlust einer Geldmengenpolitik der Zentralbanken mit sich gebracht. An deren Stelle getreten sind ersatzweise und wenig wirksame Versuche einer Geldpolitik durch Zentralbankzinsen. Dass dies heute ein sehr kurzer Hebel ist, erschließt sich schon daraus, dass der Euro-Bankensektor auf 100 EUR Giralgeld nur 2,5 EUR Zentralbankgeld benötigt, um sämtliche Zahlungen auszuführen, davon 1,4 EUR Bargeld, zehn Cent Zahlungsreserve (Überschussreserve für Zahlungen unter Banken) und 1 EUR überwiegend brach liegende Mindestreserve.[8]

Die unterstellten Transmissionsmechanismen, die Zentralbank-Impulse auf Banken, Finanzmärkte und die Wirtschaft übertragen sollen, sind im Ergebnis offenkundig schwach, wenn nicht überhaupt weitgehend imaginär.[9] Eine Transmission der Zentralbankzinsen, soweit sie stattfindet, erfolgt nicht über Marktmechanismen, sondern beruht auf Banken-bürokratischer Preisadministration. Zum Beispiel binden manche Banken ihre Zinsen auf Überziehungskredit oder Hypothekarkredit mechanisch an einen Interbankenzins zurückliegender Monate, im Euroraum etwa an den EONIA (Euro Overnight Index Average). Diese Zinsen für die Interbankenleihe von Reserven werden von den Zentralbankzinsen für Reserven sowie durch die Offenmarktpolitik der Zentralbanken in der Tat stark beeinflusst.

---

[7]Shiller (2015, S. 70–97); Minsky (1986, S. 206, 218, 294 ff.).

[8]Ergibt sich aus European Central Bank: *Monthly Bulletins,* Euro Area Statistics Tables 1.2, 2.1.2, 2.3.1+2. Zahlen bis 2008, da die Reservenhaltung der Banken seither entstellt ist durch die Zentralbankpolitik des Quantitative Easing.

[9]Siehe auch www.vollgeld.de/geldpolitische-unschaerfen.

Darüber hinaus aber haben Zinsniveaus und Inflationsraten mit Zentralbankzinsen kaum etwas zu tun, eher schon etwas mit dem weltweit übergeschossenen Angebot an Giralgeld und dem damit zusammenhängenden Überhang der Finanzvermögen (Forderungen) und Schulden, der sogenannten „savings glut". Dieser Überhang an Kapitalangebot bzw. Schulden hat sich seit den 1970–1980er Jahren aufgebaut und sich weiter verstärkt durch die nach 2000 verlangsamte Globalisierung, durch die Banken- und Staatsschuldenkrise seit 2007/2008 und nicht zuletzt auch durch die massiven QE-Zentralbankinterventionen.

Was eine Zentralbank heute geldpolitisch wirklich kann, beschränkt sich auf zweierlei. Zum einen kann sie eigene Währung in währungspolitischen Operationen in frei bemessener Höhe einsetzen. Zum anderen kann sie Handelswechsel, Staatsanleihen, andere Wertpapiere sowie inzwischen auch Kreditverbriefungen verschiedenster Art diskontieren, heißt monetisieren, was beides heißt, diese Schuldtitel ankaufen oder als Pfand akzeptieren im Gegenzug für die Herausgabe neu geschöpften Zentralbankgeldes. Damit werden in erster Linie die Banken in geradezu beliebigem Umfang refinanziert, indirekt auch der Staat und die private Finanzwirtschaft. Im Krisenfall bedeutet dies nichts anderes, als Kredit- und Schuldenproblemen mit noch mehr Krediten und Schulden zu begegnen.[10]

## 2.5　Krisenmanagement vonseiten der EZB: Vom Versuchsweisen zur Verzweiflungstat

Von Beginn der Bankenkrise an sind die EZB und andere Zentralbanken ganz in ihrer Rolle als „Bank der Banken" aufgegangen, als „Lender of last resort" exklusiv für die Banken, und schließlich auch als Aufkäufer von Kreditforderungen und Wertpapieren aus dem Besitz der Banken und institutionellen Geldanleger. Die EZB unternahm alles, um den Euro bzw. die Banken zu retten – *whatever it takes"*, nach der Formulierung von EZB-Präsident Draghi aus dem Jahr 2012. Zu den ersten Maßnahmen der EZB gehörte die Herabsetzung der Mindestreserveanforderung von 2 % auf 1 % der Bankeinlagen (Kundengiralgelder). Der Zinssatz für Hauptrefinanzierungen wurde auf null abgesenkt, für Innertages-Überziehungskredit (Spitzenrefinanzierung) auf 0,25 %. Die Bonitätsanforderungen für notenbankfähige Wertpapiere (Sicherheiten für Zentralbankkredit an Banken) wurden wiederholt herabgesetzt.

---

[10]Zur Analyse des Giralgeldregimes mit gesplittetem Geldkreislauf (Bargeld, Zentralbankreserven, Giralgeld) vgl. Huber (2016, S. 11–100, 2017, S. 57–100).

Durch das LTRO-Programm seit 2012, d. h. Long-Term Refinancing Operations mit dreijähriger Fälligkeit, gibt die EZB den Banken auch Kredit mit langfristigen Laufzeiten statt der üblichen Laufzeit von nur einer Woche.

Mit dem TLTRO-Programm seit 2014, d. h. Targeted Long-Term Refinancing Operations, bietet die EZB den Banken Laufzeiten bis zu vier Jahren an, unter der Bedingung, dass die Banken Kredite an die Realwirtschaft vergeben.

Im Rahmen der Wertpapierkaufprogramme seit 2015/2016 (Asset Purchase Programs) hat die EZB am offenen Markt monatlich Wertpapiere im Umfang von 80 Mrd. EUR gekauft, überwiegend Staatsanleihen der Euroländer, daneben auch Schuldverschreibungen anderer öffentlicher Körperschaften, private Vermögensbesicherte Wertpapiere und Pfandbriefe. Bis zum Frühjahr 2016 floss alleine dadurch Liquidität an Banken und andere Finanzakteure im Wert von nahezu einer Billion Euro.[11]

Zusätzlich zu den Kaufprogrammen der EZB kaufen auch die einzelnen nationalen Zentralbanken im Eurosystem Wertpapiere, zumeist nationale Staatsanleihen. Das betreffende Programm (ANFA, Agreement on Net Financial Assets) war erst geheim gehalten worden. Als Journalisten dahinterkamen, wurde mitgeteilt, ANFA sei „schwierig zu erklären". Die Zentralbanken von Italien, Frankreich und Griechenland sind mit Abstand die größten Aufkäufer im Rahmen dieses Programms. Insgesamt belaufen sich die ANFA-Aufkäufe auf etwa 500–600 Mrd. EUR.[12] Das Eurosystem erlaubt nationalen Zentralbanken außerdem, Banken in ihrem Land ELA-Kredite auszustellen (Emergency Liquidity Assistance). Die ELA-Kredite belaufen sich, variierend, auf mehrere hundert Mrd. Euro.[13] Formal tätigt eine Euro-Nationalbank ANFA-Aufkäufe und ELA-Kredite auf eigene Rechnung, in Wirklichkeit letztlich auf Risiko des gesamten Eurosystems.

Das Zahlungssystem der EZB (TARGET2) lässt es zu, dass Zahlungsdefizite einer Euro-Nationalbank an andere Euro-Nationalbanken über den Tag hinaus stehen bleiben und sich mit der Zeit anhäufen. Faktisch bedeutet dies einen unbegrenzten längerfristigen Überziehungskredit, den Gläubiger-Nationalbanken

---

[11]European Central Bank, *Asset Purchase Programmes,* www.ecb.europa.eu/mopo/implement/omt/html/index.en.html, May 2016.

[12]European Central Bank, *What is ANFA?* www.ecb.europa.eu/explainers/tell-me-more/html/anfa_qa.en.html.

[13]Die Europäische Zentralbank weist ELA-Positionen nicht gesondert aus, sondern packt sie mit anderen Zentralbank-Kreditpositionen zusammen.

den Schuldner-Nationalbanken unfreiwillig einräumen. Die TARGET-Außenstände haben sich Anfang 2017 bei 1 Billion EUR bewegt, wovon 800 Mrd. EUR auf die Bundesbank entfallen.[14]

Über die genannten Kredit- und Kaufprogramme hinaus ist die EZB zinspolitisch dazu übergegangen, die Guthaben der Banken bei Euro-Nationalbanken mit einem negativen Zins zu belasten, 2014 zuerst −0.10 %, 2016 bereits −0.40 %. Damit soll Geld im Besitz der Banken (Reserven) mobilisiert werden. Wie die Zentralbanker sich das vorstellen, bleibt rätselhaft. „Ausgeben" kann der Bankensektor die Reserven nicht, nicht im eigenen Währungsraum, da die Reserven ausschließlich unter Banken hin und her laufen. Wirklich „ausgeben" könnte der Bankensektor Reserven nur, indem er sie an die Zentralbank zurückzahlt oder aber das Geld für Geschäfte außerhalb der Eurozone ausgibt.

Inzwischen wird laut über „Helikoptergeld" nachgedacht. Dies bedeutet QE, bei dem das Geld direkt, an den Banken vorbei, an realwirtschaftliche Zwecke gebunden wird, zum Beispiel als Pro-Kopf-Dividende an alle Haushalte, oder als Direktfinanzierung von Staatsausgaben.[15] In der EWU würde dies freilich die Aufhebung oder Neufassung von Art. 123 (1) AEUV voraussetzen.

Die hier aufgelisteten Maßnahmen stellen eine Entwicklung dar hin zu immer unkonventionelleren Maßnahmen, man kann auch sagen: Verzweiflungstaten. Die EZB-Bilanz hat sich dabei bis Mai 2017 auf 4,2 Billionen EUR aufgebläht.[16]

## 2.6   Die Ergebnisse der EZB-Interventionen: Krisenverschleppung, finanzielle Repression und monetäre Staatsschuldenfinanzierung ohne realwirtschaftlichen Nutzen

Für wen oder was sind die Geldfluten des Quantitative Easing der Zentralbanken gut? Trotz der massiven Interventionen der EZB hat bis heute nur ein Teil der Banken die Krise hinter sich gelassen. Nicht nur im Euro-Süden hängt ein

---

[14]Die Problematik der Target-Salden aufgedeckt zu haben, ist das Verdient von Hans-Werner Sinn. Vgl. Ders. (2015, S. 4–6). Laufende Zahlen auf http://de.statista.com/statistik/daten/studie/233148/umfrage/target2-salden-der-euro-laender.

[15]Bernanke 2016. Siehe auch *A Guide to Public Money Creation,* publ. by Positive Money, London http://positivemoney.org/publications/guide-public-money-creation.

[16]Consolidated financial statement of the Eurosystem as of 19 May 2017, https://www.ecb.europa.eu/press/pr/wfs/2017/html/ecb.fs170523.en.html. 21 März 2017.

Damoklesschwert über etlichen „Zombiebanken", denen erneut der Zusammenbruch droht, wenn die Finanzhilfen durch EZB und Regierungen beendet werden. Andere Banken haben hohe Strafzahlungen für inzwischen aufgedeckte Betrügereien aufzubringen. Um die erhöhten Eigenkapitalvorschriften nach Basel III zu erfüllen, schrumpfen viele Banken ihre Verbindlichkeiten. Anders gesagt, sie finanzieren weniger als für eine optimale Wirtschaftsentwicklung erforderlich wäre.

Niedrige und negative Zinsen bedeuten eine massive Entlastung der Regierungen und anderer überschuldeter Akteure. Zugleich aber werden sie zu einer Bedrohung für Ersparnisse und Eigenkapitalbildung, nicht zuletzt auch der Banken und anderer Finanzinstitute selbst, deren Existenz die EZB mit ihrer Desperado-Politik doch angeblich retten will. Die durchschnittliche Zinsmarge, die normalerweise 4–5 % betragen hat, war bereits 2014 auf 2 % geschrumpft, speziell als Differenz zwischen Sparzins und Hypothekenzins auf 1 %, und hat sich seither eher weiter verschlechtert als gebessert.[17] Auch Versicherern, Pensionsfonds, staatlichen Vermögensfonds u. a. entgehen benötigte Zinseinnahmen, und dies gilt ebenso für alle Sparer mit Bankeinlagen. Nach Berechnungen der DZ Bank belaufen sich die den Sparern in Deutschland entgangenen Zinseinnahmen für die Zeit von 2010 bis 2016 auf insgesamt 343 Mrd. EUR. Niedrigere Kreditzinsen für einige Haushalte machen das bei weitem nicht wett.[18]

Die Wertpapierkäufe der EZB, in Ergänzung der zwischenstaatlichen Bailouts durch EFSM und ESM, haben wirksam dazu beigetragen, den Marktwert von Staatsanleihen zu stützen und den Regierungen eine Schuldenumwälzung zu extrem niedrigen Zinsen, teils sogar Null- und Negativzinsen zu ermöglichen. Aber auch in dieser Hinsicht haben die Maßnahmen überwiegend zu einer Verschleppung, nicht zu einer Verringerung der Staatsschulden geführt, in etlichen Fällen auch zu einer erneuten erheblichen Ausweitung der Staatsschuld.

Sobald die Zinsen in Richtung normaler Niveaus ansteigen, kommen die meisten überschuldeten Euro-Regierungen wieder unter Druck. Dies kann eine Schulden-Nachfolgekrise heraufbeschwören, und in deren Gefolge wohl auch eine neuerliche Verschärfung der Eurokrise, von den damit verbundenen politischen Turbulenzen zu schweigen.

---

[17]Deutsche Bundesbank, Die Ertragslage der deutschen Kreditinstitute im Jahr 2014, *Monatsberichte,* September (2015, S. 43–65, 49).

[18]Stefan Bielmeier, Chefökonom der DZ Bank, im Interview mit der Frankfurter Allgemeinen, Nr. 20, 21 Mai 2017, S. 32.

Die Banken mit Liquidität zu Kosten nahe null zu versorgen, soll der Wirtschaft angeblich helfen, sich zu erholen. Aber von niedrigeren Zinsen zu erwarten, sie würden unmittelbar mehr Wirtschaftswachstum und Beschäftigung bewirken, ebenso wie von höheren Zinsen eine schwächere Konjunktur und Beschäftigungslage abzuleiten, ist ein Trugschluss, welcher der tatsächlichen Komplexität des Zusammenhangs von Zinsniveau, Konjunktur- und Finanzzyklen nicht gerecht wird.

Außerdem gibt es im heutigen Giralgeldregime keinen wirksamen Transmissionsmechanismus, um Reserven (Zentralbankgeld in der Interbanken-Zirkulation) in Bankenkreditgeld (Giralgeld in der Publikums-Zirkulation) zu überführen.[19] In der wirklichen Welt verläuft die Kausalität in umgekehrter Richtung, das heißt, die pro-aktive Giralgeldschöpfung bewirkt eine Bereitstellung von Zentralbankgeld zum Bruchteil. Das Zentralbankgeld ist eine kleine Untermenge des Giralgeldes. Würden Firmen, private und öffentliche Haushalte wirklich mehr Kredit für BIP-wirksame Ausgaben aufnehmen wollen, und würden die Banken dieser Nachfrage auch nachkommen wollen, so könnten sie das praktisch aus dem Stand und bräuchten dazu die durch das QE bereitgestellten großen Mengen an Zentralbankgeld nur zum geringsten Teil. Das ist übrigens auch der Grund, weshalb das oben erwähnte TLTRO Programm für Kredite an die Realwirtschaft nur wenig in Anspruch genommen wird. Das Versagen der Geldpolitik im Giralgeldregime wird offiziell natürlich nicht eingestanden, aber im Prinzip sagt die EZB nichts anderes, wenn sie Politikern und der Öffentlichkeit wiederholt mitteilt, dass sie die Pferde zwar zur Tränke führen, aber nicht zum Saufen zwingen kann. Das heißt, die EZB kann gleichsam unbegrenzt Banken refinanzieren und Schulden monetisieren, aber wenn Banken, Investoren, Firmen, Haushalte und Regierungen nicht BIP-wirksam investieren und sonst Geld ausgeben wollen, kann die EZB realwirtschaftliche Umsätze durch eine Expansion primären Bankenkredits und sekundären Kapitalmarktkredits auf Giralgeldbasis nicht erzwingen.

Der Hauptgrund, weshalb die meisten Euroländer stagnieren statt neue Wirtschaftsdynamik zu entfalten, besteht im Weiterbestehen der unaufgelösten Kredit- und Schuldenblase. Eine Kapital- und Schulden-Verringerung als notwendige Voraussetzung für eine nachhaltige Erholung wird durch die Krisenpolitik der EZB und der Regierungen ja absichtlich verhindert – weil der Schrecken ohne Ende einem Ende mit Schrecken vorgezogen wird.

---

[19]Siehe auch Schnabl (2014).

Solange zu viele Akteure damit beschäftigt sind, Schulden abzubauen, oder auch nur die Zinszahlungen aufrecht zu erhalten ohne in der Lage zu sein, die Schulden zu verringern, werden sie kaum neue Schulden zur Finanzierung von Kapital- und Konsumausgaben aufnehmen. Banken, Finanzen und die Wirtschaft werden sich so lange auf einem suboptimalen Niveau bewegen, solange der Überhang aus den vorangegangenen Kredit- und Schuldenblasen nicht auf ein tragfähigeres Maß zurückgeführt worden ist.

Man muss sich vergegenwärtigen, dass die Liquiditätsschwemme der Zentralbank nur den Banken, teils auch anderen Finanzinstituten zufließt, nicht aber den Bankkunden und der Wirtschaft. Soweit Kunden bei Banken Kredite tilgen, verschwindet dieses Bankenkreditgeld (Giralgeld), da es bilanziell gelöscht wird. Sofern die Banken mit den ihnen zufließenden Reserven, und die anderen Finanzinvestoren (Nichtbanken) mit dem ihnen zufließenden Giralgeld überhaupt etwas machen, stecken sie es vor allem in nicht-BIP-wirksame Anlagen, also in die Bildung von Finanzvermögen, was die Möglichkeit neuer Aktien- und Immobilienblasen mit sich bringt, davon abgesehen, dass es der weiteren Umwälzung der Staatsanleihenblase dient.

Bei alldem hat sich die EZB eines massiven Gesetzesmissbrauchs schuldig gemacht. Denn ihre zinsrepressive QE-Politik, die Banken und Staatsschulden stützt, stellt hinsichtlich der Staatsschulden nichts anderes dar als monetäre Staatsfinanzierung. Diese ist der EZB und den nationalen Zentralbanken des Eurosystems nach Art. 123 (1) AEUV verboten. Der Absatz (2) dieses Artikels erlaubt der EZB zwar Käufe von Staatsanleihen am offenen Markt, also nachdem die Anleihen zuerst von Banken und danach auch von Nichtbanken-Anlegern gekauft worden sind. Das war freilich als Instrument zur Feinsteuerung der Geldpolitik gedacht, nicht als Instrument der massiven Monetisierung von Staatsschulden und damit der Umgehung von Art. 123 (1) AEUV. Wie weit dieser Artikel freilich überhaupt sachgerecht ist und ob daran geknüpfte gute Absichten sich auf anderem Weg nicht besser realisieren ließen, ist eine andere Frage.[20]

Wohin führt die EZB mit ihrer „unkonventionellen" Politik sich selbst? Was, wenn zu viele der Anleihen und anderen Wertpapiere, welche die EZB kauft, bis Ende der Laufzeit nicht wieder vermögensneutral verkauft, oder bei Fälligkeit nicht zum Nennwert getilgt werden? Eine unter verschiedenen Richtungen des Postkeynesianismus beliebte Vorstellung – zum Beispiel der sog. Modern Money Theory – geht dahin, die Regierung eines souveränen Staates mit eigener Währung könne zur Tilgung ihrer Schulden in dieser Währung nicht zahlungsunfähig werden. Dass der Euroraum 19 nationale Regierungen, aber nur eine EZB

---

[20]Mensching (2014).

hat, wird dabei noch als Vorteil gesehen, indem die EZB sämtliche Staatsschulden monetisieren kann, und im Sinne dieser Doktrin auch soll. Nur, die Papiere welche die EZB erwirbt, sind Aktiva-Positionen in ihrer Bilanz. Erweisen sich zu viele dieser Forderungen als uneinbringlich, erleidet die EZB Bilanzerluste und weist in der Folge bald ein negatives Eigenkapital auf.

Eine Möglichkeit „kreativer" Buchführung bestünde womöglich darin, fällige Staatsanleihen immer wieder bei noch längeren Laufzeiten zu prolongieren. Im Dritten Reich hat man das mit den berüchtigten Mefo-Wechseln zur Staatsfinanzierung so gemacht. Der Zinssatz wäre nicht so wichtig, da Zinszahlungen der Regierung an die Zentralbank durch den Zentralbankgewinn wieder an die Regierung zurückfließen.

Formal wäre eine Zentralbank in der Lage, Außenstände permanent zu prolongieren. Auch muss eine Zentralbank bei negativem Eigenkapital wohl nicht Insolvenz erklären, selbst über längere Zeit hinweg nicht. Aber würden politische Akteure und Finanzmärkte hierbei stillhalten? Kaum. Auditoren und Rechnungshöfe müssten Widerspruch einlegen. Betreffende Regierungen könnten sich am offenen Markt kaum mehr zu erschwinglichen Zinskosten finanzieren. Die monetäre Staatsfinanzierung würde permanent. Der Euro würde stark abwerten. Die EZB würde im Versuch, die Abwertung zu bremsen, die Devisenreserven des Eurosystems aufbrauchen. Die in Folge einer Euro-Abwertung importierte Inflation würde in Stagflation enden statt zu einer Belebung der Wirtschaft zu führen. Früher oder später bliebe der EZB nichts anderes übrig, als sich von ihren Eigentümern, den nationalen Zentralbanken bzw. deren Regierungen rekapitalisieren zu lassen – wenn diese dazu dann überhaupt noch in der Lage wären.

## 2.7 Krisenmanagement wofür? Die unaufgelöste Krise

Acht Jahre Bailout-Politik der EZB und der Regierungen haben die Banken- und Schuldenkrise im Euroraum buchstäblich „prolongiert", aber nicht überwunden. Die Probleme der Banken mit ausfallbedrohten Aktiva und die öffentliche Überschuldung wurden überwiegend nicht behoben, sondern verlagert auf Bailout-Einrichtungen wie den EFSM/ESM, den Bankenrettungsfonds Soffin, oder eben die EZB. Das Wirtschaftsprodukt der meisten Euroländer liegt immer noch unterhalb der Marke von 2007/2008 oder hat dieses Niveau erst zuletzt wieder erreicht. Die Regierungen sind dabei an fiskalische, aber auch politische Grenzen gestoßen. Die politische Mitte ist zunehmend unter Druck geraten, teils vonseiten der radikaleren Linken, vor allem aber durch rechtspopulistische und neonationalistische Bewegungen. Das bisherige Versagen der EU-Staaten, die Asyl- und Einwanderungsfrage in stimmiger Weise zu beantworten, verstärkt die schwelende finanzielle und wirtschaftliche Unsicherheit.

So ruhen die Erlösungs-Erwartungen mehr denn je auf der EZB. Ungeachtet ihrer tatsächlich beschränkten ökonomischen Fähigkeiten, aber begünstigt durch ihr beliebig auslegbares Mandat, ist die EZB inzwischen zum Hauptträger der Fiskal- und Finanzmarktpolitik geworden – und sie wird die an sie gerichteten Erwartungen voraussichtlich enttäuschen. Die EZB kann „Geld drucken", die Frage aber lautet, wie kann der Überhang an finanziellen Forderungen und Schulden auf ein tragfähigeres Niveau abgesenkt werden, ohne einen Finanzkollaps, den Zerfall des Euro und politisches Chaos hervorzurufen?

Gläubiger und Unterstützer einer Angebotspolitik beharren auf erzwungenem Sparen (Austerität) im Interesse der Erfüllung ihrer Forderungen an die Schuldner. Schuldner und Unterstützer einer Nachfragepolitik verdammen Austerität. Denn in den ersten Jahren eines Austeritätsregimes sind die Auswirkungen wirtschaftspolitisch gesehen kontraproduktiv weil Output und Einkommen schrumpfen. Wenn zum Beispiel die Staatsausgaben 50 % des BIP betragen und um 1 % reduziert werden, so wird das BIP um 0,5 % schrumpfen. Ob und wann private Kapital- und Konsumausgaben diese Minderung wettmachen, ist ungewiss. Andererseits muss man sehen, dass durch einen solchen Austeritätsprozess ein Stück der zuvor verweigerten internen Anpassung zwangsweise herbeigeführt wird, erfahrungsgemäß jedoch bei einer unausgewogenen Lastenverteilung. Die ärmeren Schichten werden am stärksten, und auch die Mittelschichten noch spürbar getroffen, während die Reichen ihren Status am besten zu schützen vermögen.

Das keynesianische Wundermittel in jeder ökonomischen Krise war bisher Deficit spending. Nach inzwischen über 80 Jahren, in denen Deficit spending zu einer Routinepraxis längst unabhängig von der Wirtschaftslage geworden ist, steckt dieser Ansatz in der Sackgasse finaler Überschuldung. Als Anschlusskonzept wird nun von verschiedener Seite Helikoptergeld vorgeschlagen (QE for the People). Gemeint ist damit die direkte Finanzierung von Staatsausgaben durch eigens dafür geschöpftes Zentralbankgeld.[21] Die Defizitpolitik bleibt dabei dieselbe, nur würde das Zentralbankgeld nicht länger die Staatsschuld erhöhen. Buchungsformal könnte es sich schon noch um Staatsschulden handeln, aber sie wären zinsfrei und ohne Fälligkeit.

---

[21]Turner (2015, S. 213–230); Jackson und Dyson (2013, S. 16 ff.); www.vollgeld.de/monetaere-staatsfinanzierung.

Des Weiteren dürfte es schwierig sein, die Gesetzeshürde des Verbots der direkten Staatsfinanzierung nach Art. 123 (1) AEUV zu nehmen. Der Bruch des No-Bailout-Art. 125 AEUV und die missbräuchliche Überdehnung des Art. 123 (2) AEUV liegen im beiderseitigen Interesse der Finanzwirtschaft und der Regierungen. Dagegen würde die Aufhebung des Finanzierungsverbots nach Art. 123 (1) AEUV ein Tabu brechen, das von den meisten Experten hochgehalten wird, und das mit den Interessen der Banken als den privilegierten Primärgläubigern der Staaten kollidiert. Der Staat aber braucht die Banken, denn was die Regierungen sich selbst verboten haben – „Geld drucken" – das machen die Banken für die Regierungen umso bedenkenloser.

## 3.1 Am Scheideweg

Seit den 1960–1970er Jahren durchlaufen die altindustriellen Länder einen Schulden-Superzyklus.[1] Es sieht danach aus, dass dieser Zyklus nun zu Ende geht. Der Euro wurde in einem bereits fortgeschrittenen Stadium des Zyklus lanciert. Droht der Euro, mit dem Ende des Schuldenzyklus auch sein eigenes zu finden?

Der Euro hat die Erwartung, die divergenten Euroländer finanziell und ökonomisch besser zu integrieren, nicht erfüllt. Statt als Katalysator einer auf Stabilität bedachten Geld- und Fiskalpolitik zu wirken, wurde der Euro von alten schlechten Gewohnheiten gekapert. Diese zeigen sich insbesondere in fortbestehenden Verhaltensweisen betreffend Stabilitätspolitik vs. Weichwährungspolitik. Dadurch hat die Währungsunion die nördlichen und südlichen Euroländer nicht in eine „immer engere Union" geführt, sondern sie in neonationalistischer Konfrontation entzweit.

Das hätte nicht sein müssen, wenn man sich an die Regeln des vorhandenen Ordnungsrahmens gehalten hätte. Nicht, dass dieser samt den Statuten des Eurosystems nicht verbesserungsbedürftig wäre. Aber von den Erblasten der Krise einmal abgesehen, hat der Euro immer noch auch seine Vorteile, tatsächlich für alle Mitgliedsländer. Der Euro ist weiterhin eine respektierte und vergleichsweise gut positionierte Währung. Eine billige Weichwährung, die niemand haben will, nützt keinem etwas. Die relativen Kostenvorteile und Kostennachteile der Euroländer bezüglich Import und Export gleichen sich eher aus, als dass sie ein Land wirklich am guten Wirtschaften hindern würden. Die Finanzierung in Euro ist in den Mitgliedsländern einfach und preiswert im Vergleich zu den früheren Problemen,

---

[1]Mauldin und Tepper (2011). Siehe auch *A Primer on the debt supercycle* by BCA Research, 2014, http://blog.bcaresearch.com/primer-on-the-debt-supercycle.

© Springer Fachmedien Wiesbaden GmbH 2018

J. Huber, *Der Euro*, essentials, DOI 10.1007/978-3-658-19319-5_3

gerade kleinerer Länder, an Valuta zu kommen. Weltweit und problemlos kann man auf Euro lautende Geschäfte machen. Die geringeren Transaktionskosten der Euro-weiten Geldverwendung im Vergleich zu den früheren Umtausch- und Handhabungskosten nationaler Währungen sind erheblich. Ohne Euro müssten die meisten Euroländer faktisch der Geldpolitik *einer* nationalen Währung als Leitwährung folgen, ohne dabei etwas zu sagen zu haben; im Euro haben sie etwas zu sagen.

## 3.2    Den Euro aufgeben?

Trotz der Vorteile fordern Stimmen quer durch die Währungsunion, mit dem Euro Schluss zu machen.[2] Die Stimmen kommen nicht nur von der neonationalistischen Rechten, oder der Linken, wo man im Euro eine Machenschaft des Finanzkapitals vermutet und wo eine nationale arbeitsprotektionistische Politik durchaus Tradition hat.[3] Auch insofern erinnert die Situation an die 1930er. Aber die Vorstellung, durch Rückkehr zu einer nationalen Währung würden sich die mit dem Euro zutage getretenen Probleme lösen, beruht auf Wunschdenken. Dieses sucht die Gründe für die Probleme bei äußeren Faktoren, darunter seit vielen Jahren vorzugsweise die EU und der Euro.

Politische und ökonomische Strukturprobleme würden mit der Preisgabe des Euro nicht verschwinden, ebenso wenig die privaten und öffentlichen Auslandschulden. Soweit eine wieder eingeführte nationale Währung abwertet, wären die Auslandschulden umso drückender. Auslandskredit und ausländische Direktinvestitionen wären schwieriger zu erlangen als zuvor. Die Wiedereinführung nationaler Währungen würde die Transaktionskosten unter bisherigen Euroländern spürbar erhöhen. Dadurch sowie durch die aufwendigere Handelsfinanzierung würde der gemeinsame Markt beeinträchtigt. Die produktive Kooperation im Rahmen von Wertschöpfungsketten würde durch die Auflösung des Euro ebenfalls behindert. Die Produktivität würde abnehmen und der Rang des einen oder anderen Eurolandes im Weltsystem würde herabgestuft. Vermutlich entstünde – wie schon vor dem Euro – ein Hartwährungsblock und eine größere Anzahl von mehr oder weniger ausgeprägten Weichwährungen.

---

[2]Zuletzt Riehle (2016).
[3]Zum Beispiel Lapavitsas (2012); Streeck (2014, 2015).

## 3.3   Immer engere Schulden- und Haftungsunion: Stagnation und schleichender Niedergang

Obwohl die bisherigen Krisen-Maßnahmen die Finanz- und Wirtschaftsprobleme im Euroraum nicht gelöst und neonationalistische Ressentiments heraufbeschworen haben, machen die Euro-Regierungen und die EZB bisher wenig Anstalten, ihren Kurs zu ändern. Ihr Ziel ist weiterhin eine immer engere Union, nun auch als Haftungsunion in einer angestrebten Finanzunion, aktuell vor allem Bankenunion, sowie perspektivisch weiterhin eine Fiskalunion durch Harmonisierung der Haushalts- und Steuerpolitik.[4]

Soweit sich eine gewisse Einsicht einstellt, dass „Weitermachen wie bisher" keine glaubwürdige Option mehr ist, kommt es zu einem Rückgriff auf das Modell der Euro- und EU-„Kernländer". Wenigstens sie sollen in der angestrebten Richtung vorangehen.[5] Das Kernländer-Modell ist seit langem auch als das Europa der verschiedenen Gangarten bekannt (Europe à deux vitesses), faktisch in Kombination mit „Europe à la carte". Die Länder machen bei verschiedenen EU-Gemeinschaften und ihren Projekten mit oder nicht, wie sie wollen. Sarkastisch kann man es auch das Flickenteppich-Modell nennen. Diese Politik gibt vor, den Euro zu retten. Ohne jedoch die EU, die EZB und das Eurosystem zu ändern, wird die Union der Überschuldeten auf Basis finanzieller Repression, monetärer Staatsfinanzierung, vergemeinschafteter Haftung, fortgesetzter Bailouts und regularisierter Transfers dazu führen, die Finanzen und damit die Wirtschaft zu schwächen und in der Folge dem Euro ein Ende zu bereiten.

Man wird versuchen, die finanzielle Repression durch Niedrig- und Negativzinsen infolge exzessiven QE möglichst lange aufrecht zu erhalten. Jedoch werden die Zinsen wieder steigen. Selbst ein nur leichter Zinsanstieg wird sofort zu

---

[4]Vgl. EU Commission (2017). Unterstützung für eine 'jetzt erst recht' noch engere Union kommt vonseiten des Mainstreams wie auch der interventionistischen und Umverteilungsfokussierten Linken. Als Beispiel für ersteren siehe Brinke et al. (2015), Enderlein et al. (2017). Noch umfassender und sehr linkskeynesianisch Stiglitz (2016, S. 239–271). Er fordert jede Art von überzogener Union – Schulden- und Haftungsunion, umfassende Bankenunion, Fiskal- und Transferunion, und die Unterbindung von Außenbilanz-Überschüssen.

[5]Das Europa der diversen Gangarten ist auch das faktisch nahegelegte Szenario im *White Paper on the Future of Europe* der EU-Kommission (2017a). Zu den abschlägig behandelten Szenarien gehören die Beschränkung der EU auf den Gemeinsamen Markt, aber immerhin auch die Einsicht, dass mit der immer engeren Union einfach so weiter zu machen wie bisher auf absehbare Zeit wenig realistisch ist.

höheren Haushaltsdefiziten und neuen Schulden führen. Ein starker Zinsanstieg wäre ein Schock für die Staatshaushalte der Euroländer. Auch die nördlichen Euroländer hätten massive Schwierigkeiten. Unter solchen Voraussetzungen noch mehrere Euroländer, zum Beispiel Italien, so zu stützen wie bisher Griechenland, ist praktisch ausgeschlossen.

Unter neuerlichem Druck würden verschiedene Euroländer darauf drängen, weitere Schritte in Richtung einer immer engeren Schuldenunion zu gehen, einschließlich neuerlicher Banken-Bailouts, wenn das „Bail-in" in Form der zwangsweisen Kunden-Beteiligung ausgeschöpft ist, sowie Eurobonds als Gemeinschafts-Verbindlichkeit aller Eurostaaten. Solche Eurobonds würden es schwächeren Staaten erlauben, sich zu niedrigerem Zins zu finanzieren als sie bei alleiniger nationaler Haftung zahlen müssten. Die stärkeren Länder hätten höhere Zinsen zu akzeptieren als sie sonst zahlen müssten. In einer Weise gibt es Euro-bonds bereits, nämlich in Form der Anleihen, welche der ESM begibt, um sich zu finanzieren, sowie sinngemäß auch in Form der EZB-Anleihekäufe. Beides bedeutet faktisch eine Vergemeinschaftung von Schulden.

Währenddessen wird die EZB ihre Anleihekäufe und andere QE-Maßnahmen kaum noch viel weiter ausdehnen können, nicht nur wegen der problematischen Folgen. Ab einem gewissen Punkt würden die QE-Maßnahmen nur noch als verzweifelte Notmaßnahmen bewertet. Wer in einer so verzweifelten Lage ist, bekommt am offenen Markt kaum mehr Kredit, und wenn, nur zu Extremzinsen. Die Kapitalflucht aus Euroländern in Nicht-Euroländer würde erheblich zuneh-men. Irgendwann würde die EZB sich gezwungen sehen, zu einem Regime von Kapitalverkehrskontrollen, Kreditlenkung und Zins-Administration Zuflucht zu nehmen. Stagnation und schleichender Niedergang ist in der Tat die Perspektive einer immer engeren Schulden-und Haftungsgemeinschaft der Euroländer.

## 3.4    Aus dem Euro austreten?

Um ein Stagnations-Szenario zu vermeiden, ist immer wieder einmal vorgeschla-gen worden, besonders unter Druck stehende Staaten sollten vorübergehend aus dem Euro aussteigen. Aber was für einen Sinn macht es für weniger wettbewerbs-fähige und womöglich von staatlicher Zahlungsunfähigkeit bedrohte Ökonomien, den Euro zu verlassen?

Unterstützer eines endgültigen oder temporären Austritts argumentieren, die Wiedereinführung einer nationalen Währung würde diese gegen den Euro abwer-ten und dies würde einen schlagartigen Vorteil im Kostenwettbewerb mit sich bringen. Wie weiter oben ausgeführt, werden derartige Erwartungen in irreführender Weise übertrieben. Nur Portugal und Griechenland hätten bei 10–15 % Überbewertung überhaupt eine entlastende Wirkung für den Export zu erwarten (freilich belastend für den Import).[6]

Zudem wird unterstellt, die abwertenden Exitländer könnten zu Wechselkursverbilligten Löhnen und Preisen zuhause produzieren und im Ausland weiterhin teuer verkaufen. Tatsächlich aber wäre dem nur zu einem geringen Teil so, zum Beispiel bei global gehandelten Rohstoffen, die lokalen Lohn- und Preisniveaus gegenüber insensitiv sind. Zumeist aber würde ein billiger produzierendes Exitland sich im Wettbewerb gezwungen sehen, eher billiger als teurer zu verkaufen. Ebenso bleibt es fraglich, ob gesteigerte Mengen der billiger gewordenen Produkte exportiert werden könnten. Schließlich handelt es sich vielfach um Industriefabrikate und Agrarprodukte einfacherer und mittlerer Technik- und Wissenschaftsintensität bei hoher Marktsättigung. Teilweise sind dabei produktkettenweise auch Vorlieferungs- und Marketingkosten involviert, von denen viele ans Ausland zu zahlen sind.

Aktuell noch bedeutender ist die Schuldenfrage. Die Schulden wurden in Euro oder einer anderen Auslandswährung aufgenommen und werten bei Euro-Austritt oder der parallelen Wiedereinführung einer nationalen Währung nicht ab. Soweit die Währung eines Exitlands überhaupt abwerten würde, würden Schulden und Importpreise entsprechend teurer und zu einer Belastung für das Exitland.

Allerdings, die europäische Lex Monetae gibt jedem Land das Recht, seine Währung selbst zu bestimmen. Ein Netto-Schuldenland könnte davon den weiter gehenden Anspruch ableiten, seine Auslands-Verbindlichkeiten 1:1 vom Euro in die neue Nationalwährung (etwa Drachme oder Escudo) zu konvertieren.[7] Sollte ein Abwertungskandidat damit durchkommen, würde das dem betreffenden Land sicherlich eine erhöhte Schuldenlast ersparen. Die Schulden als solche aber blieben und das Land würde in den Ratings herabgestuft, also Bonität verlieren, und könnte Auslandskredit nur zu stark verschlechterten Konditionen erlangen.

Auch bei Kreditfinanzierung in heimischer Währung entsteht in einer international verflochtenen Wirtschaft gleichwohl ein Bedarf an Devisen. Eine Finanzierung von Importen oder Auslandsschulden durch Kredit in eigener Währung bedeutet meist einen Kostennachteil, da entsprechend hohe Inlandschulden aufgenommen werden müssen – sofern die heimische Währung im Ausland überhaupt angenommen wird. Mit heimischer Währung Devisen kaufen, kann selbst schon

---

[6]Deutsche Bank Research (2017).

[7]So auch der Vorschlag bei Mayer (2014, S. 189).

zu einer weiteren Abwertung der heimischen Währung führen, was die heimischen Finanzierungskosten weiter in die Höhe treibt. Wenn sich solche Umstände abzeichnen, wird sich wahrscheinlich informell eine gespaltene Währung etablieren, wobei eine ausländische Währung (Euro oder Dollar) parallel zur heimischen Währung benutzt wird. Eine solche Situation geht wiederum mit Kapitalflucht einher.

## 3.5    Euro und nationale Währung parallel?

Die soweit angestellten Betrachtungen gelten weitgehend auch für das Konzept, den Euro und eine nationale Währung als parallele Währungen gleichzeitig zu verwenden. Die Wiedereinführung einer nationalen Währung unter Beibehaltung des Euro ist besonders im Hinblick auf südliche Euro-Staaten befürwortet worden.[8] Dies läuft auf ein gespaltenes Währungssystem hinaus, mit dem Euro als auswärtiger Handelswährung und der Landeswährung für heimische Geschäfte; offiziell, nicht unbedingt in der Praxis, denn heimische Akteure ziehen es dann ebenso wie ausländische vor, in der Handelswährung bezahlt zu werden. Die heimische Währung wäre im eigenen Land de facto abwertend. Unter den meisten Gesichtspunkten wäre das nicht sonderlich verschieden davon, aus dem Euro auszusteigen. Erfahrungen mit offiziell gespaltenen Währungen blieben ambivalent. Betreffende Länder, in früheren Jahrzehnten etwa Südafrika, haben ihren Währungssplit nach einer Weile wieder aufgegeben.

Wenn überhaupt, so wäre die Wiedereinführung einer nationalen Währung parallel zum Euro noch am ehesten eine Option für Euro-„Nordstaaten", im genaueren vermutlich eine Übergangsoption zum Ausstieg. Die nationale Währung würde aufwerten, die in Euro denominierten privaten und öffentlichen Schulden entsprechend abwerten. Die Exportwirtschaft unterläge zunächst einem gewissen preisbedingten Anpassungsdruck (der nach allgemeinen Aufwertungserfahrungen normalerweise erfolgreich bewältigt wird). Dafür ließe sich günstiger im Ausland einkaufen. Vorhandene Außenhandelsüberschüsse würden sich ein Stück weit zurückbilden. Der politisch missbräuchlichen Auslegung von Außenwirtschaftsbilanzen würde der Boden entzogen. Freilich gäbe es in dem betreffenden Land auch kein besonderes Interesse mehr an einem weiteren Gebrauch des Euro.

---

[8]Vgl. Bundesverband mittelständische Wirtschaft (2012).

## 3.6   Die Situation entschärfen: bemessener Schuldenschnitt, gemäßigte Austerität, Helikoptergeld

Eine Wende zum Besseren würde damit beginnen, die Situation finanzieller Überinvestition und Überschuldung ein Stück weit zu entschärfen. Dies kann durch eine Kombination folgender drei Maßnahmen erreicht werden.

Die *erste Maßnahme* ist ein ausgehandelter Kapitalschnitt bei Staatsanleihen bzw. ein Staatsschuldenerlass durch Abschreibung betreffender Forderungen, ausgehandelt in einer Schuldenkonferenz, wie sie es im zurückliegenden Jahrhundert in anderen Zusammenhängen wiederholt gegeben hat. In der Griechenlandkrise hat man sich im März 2012 auf einen solchen Kapitalschnitt geeinigt. Wichtige Gläubiger, damals noch überwiegend Banken und institutionelle Anleger, konnten dazu gebracht werden, auf 53 % ihrer Forderungen an Griechenland zu verzichten und den Rest zu niedrigeren Zinsen umzuschulden. Zusammen entsprach das fast einem Drittel der griechischen Staatsschulden zu diesem Zeitpunkt.[9] Geholfen hat es im speziellen Fall Griechenland allerdings nicht viel. Es sollte akzeptiert werden, dass bei Ausfall eines Kredits, zumal an erkennbar überschuldete Adressen, Gläubiger und Schuldner sich das Ausfallrisiko teilen sollen. Banken, die Erstzeichner von Staatsanleihen, sind die primären Miturheber der maßlosen Staatsschuldenblase. Bisher hatten sie, außer im Fall des griechischen Schuldenschnitts, nicht wirklich viel der Last zu tragen. Es wurde ihnen ermöglicht, einen erheblichen Teil wackliger Staatsschulden in ihrem Portfolio auf Bad Banks, den EFSF/ ESM und vor allem die EZB abzuladen. Ein Staatsschuldenerlass bzw. Kapitalschnitt würde also in erster Linie das Eurosystem und den ESM treffen.

Das *zweite Element* besteht in der Fortsetzung einer maßvollen Austeritätspolitik. Die Schuldner – alle, nördliche wie südliche – kommen nicht umhin, ihren Teil durch ein gewisses Maß an Sparpolitik zu tragen. Alles den am meisten überschuldeten Staaten aufzubürden, wäre nicht fair, aber Schuldnerstaaten ohne weiteres davonkommen zu lassen, wäre auch eine Ungerechtigkeit. Aus dem Ausland hat sie niemand zu ihrer Schuldenaufnahme gezwungen. Sparpolitik (Austerität)

---

[9]Eurostat, Griechisches Finanzministerium, nach FAZ, 28 Apr 2015, 18. Nach Berechnungen des spanischen Ökonomen P. Triana (*Debt that costs less than nothing. Greece's unique opportunity,* SSRN papers, March 2017) hat Griechenland seit Beginn der Hilfsprogramme mehr Geld geliehen und geschenkt bekommen als es zu zahlen hat, wobei im Rahmen bestimmter Programme auch Zinszahlungen komplett erlassen wurden. Das ändert allerdings nichts an der für viele Griechen harten Sparpolitik.

ist Teil der erforderlichen internen Anpassung. Sie ist unvermeidlich zumal in einer Währungsunion, die keine schleichend niedergehende Schulden- und Haftungsunion sein soll.

Schließlich, *und drittens,* würde ein gut bemessenes Quantum an „Helikoptergeld", also schuldenfreien monetär finanzierten Staatsausgaben, die vorerst noch fortgeführte Sparpolitik sowie den ausgehandelten Schuldenschnitt wirtschaftspolitisch vorteilhaft ergänzen. Helikoptergeld kann als Pro-Kopf-Dividende an alle Haushalte ausgeschüttet werden. Vorteilhafter wäre es jedoch, die Mittel für dringende Infrastruktur-Investitionen auszugeben (soweit ausführbare Planungen vorliegen) sowie zur Aufstockung unterbesetzter öffentlicher Dienste im Bereich Sicherheit, Justiz, Erziehung, Bildung und Forschung.

Helikoptergeld trägt zwar nicht zur Verringerung der Schuldenüberhänge bei. Aber es handelt sich um Quantitative Easing als einem „unkonventionellen" Mittel der Geldpolitik, mit dem großen Unterschied, dass es direkt der Realwirtschaft zugutekommt, nicht der realwirtschaftlich wirkungslosen und Insolvenzverschleppenden Stützung bestehender Kredit- und Schuldenblasen. Bestimmte Bereiche der privaten und öffentlichen Wirtschaft sind Krisen-bedingt unterfinanziert, extrem in den südlichen Euroländern, teilweise auch in nördlichen Euroländern wie Deutschland wo das Diktat der „schwarzen Null" dazu geführt hat, dass die öffentliche Infrastruktur zunehmend schwere Schäden aufweist und öffentliche Dienste nicht mehr so gewährleistet sind wie sie sollten. Weder die Banken noch die Regierungen erfüllen ihre diesbezüglichen Aufgaben gegenwärtig hinreichend. Anders gesagt, bestimmten wichtigen Funktionsbereichen der Realwirtschaft fehlt Geld, und indem die EZB dieses Geld im Sinn einer potenzialorientierten Geldpolitik bereitstellt, kommt die Geldpolitik in diesem Fall funktional auch der Fiskal- und Wirtschaftspolitik zugute.

Helikoptergeld verletzt den Art. 123 (1) AEUV. Das ineffektive QE für die Banken und Finanzakteure verletzt Art. 123 (2) AEUV freilich in noch viel größerem Maße. Um daraus ein vernünftiges Gesetz zu machen, bedarf der gesamte Art. 123 AEUV dringend einer Überarbeitung.

Ein Paket aus den drei Maßnahmen – a) monetäre Finanzierung öffentlicher Investitionen zusammen mit einem b) ausgehandelten Kapital- und Schuldenschnitt sowie c) fortgesetzter aber maßvoller Austerität – würde die bestehende verschleppte Krisensituation entschärfen und damit helfen, normalen Bedingungen wieder näher zu kommen. Dennoch bedeutet eine Entschärfung des Problems noch nicht seine Auflösung. Dazu bedarf es eines Neustarts und einiger Regeländerungen des Eurosystems. Ein solcher Neustart setzt freilich eine Entschärfung der Situation durch die drei genannten Maßnahmen voraus. Andernfalls würde der Neustart zum finanziellen Zusammenbruch einiger Eurostaaten und womöglich dem des Euro führen.

## 3.7 Neustart: No-Bailout und interne Anpassung

Der Ausdruck „Neustart" steht hier für eine Wiedereinsetzung der ursprünglichen Grundregeln des Euro plus einer Neuausrichtung des Eurosystems. Im Mittelpunkt der ursprünglichen Grundregeln des Euro steht die No-Bailout-Regel. Sie muss wieder in ihr Recht gesetzt und ohne Wenn und Aber befolgt werden. No-Bailout bedeutet nationale Verantwortung für nationale Schulden und Finanzrisiken, egal ob es sich um öffentliche oder private Schulden, oder um Forderungen und Verbindlichkeiten der Banken handelt. Wenn ein Euro-Mitgliedstaat zahlungsunfähig wird, so ist dies Sache des betreffenden Landes und seiner privaten Gläubiger, nicht der Währungsgemeinschaft. Helfen mag dabei ein förmliches Insolvenzverfahren für staatliche Gebietskörperschaften, sofern dieses nicht ein verkleidetes Semi-Bailout- und Transferverfahren wäre.

Im Unterschied zur No-Bailout-Regel sollten die Maastricht-Kriterien, insbesondere 3 % Defizit und 60 % öffentliche Schulden, als EWU-Vorgaben fallen gelassen werden. Haushaltsdefizite und Staatsschulden sind fiskalische Angelegenheiten, die in nationaler Verantwortung bleiben sollten so weit sie nicht den gemeinsamen Markt tangieren. Zudem sind die betreffenden Grenzwerte willkürliche Setzungen, und sie werden als Einladung zu einem gewohnheitsmäßigen Drei-Prozent-Haushaltsdefizit missverstanden statt sich mit dem Regelgebot eines ausgeglichenen Haushalts anzufreunden.

Davon auszugehen, dass Fiskalpolitik und Geldpolitik im Tandem fahren zugunsten staatlicher Wirtschaftspolitik ist eine normative Doktrin. Natürlich sind marode Staatsfinanzen ein Problem für die Geldpolitik, wie umgekehrt eine allzu lockere oder allzu knappe Geldpolitik der Haushalts- und Wirtschaftspolitik im Endergebnis mehr schadet als nützt. Mit der Tandem-Metapher ist jedoch gemeint, dass die Geldpolitik die Fiskal- und Wirtschaftspolitik einer Regierung bedienen soll. Dies läuft stets darauf hinaus, eine permissive Geldpolitik zu verlangen, welche die staatliche Defizit- und Schuldenpolitik ebenso begünstigt wie, in direkter Folge davon, Asset-inflationäre Kredit- und Schuldenblasen, und damit Krisenbildung. Der Sozialstaat war eigentlich als Gegengewicht zu den Kapitalinteressen gedacht. Dass stattdessen der Sozialstaat durch seine fortgesetzte Überschuldung das Finanzkapital bei normalem Zinsniveau in bequemer Weise bedient, sollte zu denken geben.

Die Währungsunion ist mit unterschiedlichen nationalen Fiskalpolitiken und auch Zinsniveaus durchaus vereinbar. Die EZB refinanziert zwar die Banken zum benötigten Bruchteil zu denselben Zentralbankzinsen im gesamten Währungsgebiet. Angesichts der extremen Fraktionalität der Reservenbasis beinhaltet dies jedoch keineswegs, die Kredit- und Habenzinsen der Banken im Publikumsverkehr, oder die Zinsen für Staatsanleihen, müssten überall im Euroraum dieselben sein. Etwas derartiges zu erwarten, oder national und regional differenzierte Zinsen gar als Problem anzusehen, ist unbegründet. Unterschiedliche Zinssätze für unterschiedliche Schuldner und Arten von Schulden, genau wie unterschiedliche Preise für verschiedene Güter und Dienste, einschließlich regionaler Preisunterschiede, sind kein Problem, sondern ein wichtiger Teil der Problemlösung.

Das komplementäre Gegenstück der No-Bailout-Regel ist der Verzicht auf eine externe Anpassung durch nationale Wechselkurspolitik und die bewusste und gewollte Akzeptanz einer internen (nationalen) Anpassung der Preise, Löhne und Zinsen. Der No-Bailout-Art. 125 AEUV sollte entsprechend ergänzt werden.

Anstatt den Euro mit der Fiskalpolitik, damit auch mit der Sozialpolitik der Mitgliedstaaten verknüpfen zu wollen, muss der Euro gegen divergente nationale Politiken abgeschirmt werden. Eben dies geschieht durch No-Bailout und interne Readaption. Werden beide Grundregeln nicht vorbehaltlos anerkannt und befolgt, werden die Euroländer unweigerlich auf der schiefen Bahn einer Haftungsunion überschuldeter Staaten abwärts schlittern und international Jahr für Jahr zurückfallen.

Teil einer Politik des No-Bailout und interner Anpassung ist der Ausschluss jeglicher externer Schuldenhaftung. Eine Emission von Eurobonds oder ähnlichen Finanzierungs-Instrumenten darf es nicht geben. Eurobonds sind Instrumente einer Schulden- und Haftungsunion, indem sie einen Teil der Kosten und des Risikos nationaler Schulden auf Gemeinschaftseinrichtungen oder das Eurosystem oder die Regierungen anderer Eurostaaten abwälzen. Das liegt im Interesse der Großbanken und institutionellen Anleger, aber im Interesse des Euros und gesunder Staatsfinanzen liegt es nicht.

## 3.8    Das Eurosystem und die EZB neu ausrichten

Der gesetzliche Auftrag der EZB ist heute nur unzureichend festgelegt. Nach Art. 127 AEUV soll das Eurosystem für Preisstabilität sorgen und die „allgemeine Wirtschaftspolitik der Union unterstützen". Was das heißen soll, bleibt der freihändigen Auslegung des EZB-Rats überlassen. Hinsichtlich der Wirtschaftspolitik gibt es ironischerweise keine gemeinsame europäische Konjunkturpolitik, welche die EZB beeinflussen könnte, dafür eine europäische Ordnungspolitik bezüglich des gemeinsamen Marktes, wofür die operative Geldpolitik jedoch ohne Relevanz ist. Zur Geldmengenpolitik und Zinspolitik der EZB, den beiden grundlegenden Optionen einer Geldpolitik, bestehen keinerlei Vorgaben. Gegenwärtig mag das nicht allzu wichtig sein, da die Entscheidung über knapperes oder lockeres Geld von der primären Kreditgeldschöpfung der Banken bestimmt wird.

Eine Zentralbank sollte unabhängig und unparteiisch sein – ja, aber nicht nur gegenüber der Regierung, sondern auch gegenüber den Partikularinteressen von Banken und Finanzindustrie. Eine Zentralbank sollte operativ eine diskretionäre Geldpolitik verfolgen können, das heißt, je nach Situation nach eigenem Ermessen – ja, aber dennoch muss es gewisse „Checks" dieser Macht geben, gerade im Hinblick auf die überstaatliche Macht der EZB. Dazu gehört ein genauer spezifiziertes gesetzliches Mandat zu den Aufgaben, Zielgrößen, Kernindikatoren und dem Instrumentarium der Geldpolitik der EZB und des Eurosystems.

Was die Statuten angeht, gehören die geradezu absurden Stimmrechte im EZB-Rat korrigiert. Heute hat nach Art. 10.2 der EZB-Statuten jede der 19 Nationalbanken im Eurosystem 1 Stimme. Die sechs Mitglieder des Direktoriums einschließlich Präsident und Vize-Präsident haben ebenfalls je 1 Stimme. Die Stimmrechte differieren bei 16–22 Mitgliedstaaten, wie es aktuell der Fall ist. Die fünf größten Euroländer teilen sich nun 4 statt 5 Stimmen, die anderen Mitglieder teilen sich 11 statt 14 Stimmen. In beiden Ländergruppen werden die Stimmen rotierend ausgeübt. Im Ergebnis haben jeweils 4 Euroländer kein Stimmrecht. Ebenso haben kleinste Mitglieder wie Malta oder Zypern dasselbe Stimmrecht wie die größten. So haben die mediterranen Euroländer zusammen mit Frankreich mit 55 % die Stimmenmehrheit.

Künftig, wie allgemein üblich, sollten die Stimmrechte die nationalen Anteile an der Finanzierung und Haftung widerspiegeln.[10] Der Anteil der Euroländer am Eigenkapital der EZB berechnet sich aus der Bevölkerungszahl und dem BIP. Nach diesem Schlüssel wird auch der Zentralbankgewinn auf die Mitgliedstaaten aufgeteilt, ebenso allfällige Verluste, also die Haftung für Verbindlichkeiten oder eine eventuelle Rekapitalisierung der EZB.

Ein anderer „Check" bezieht sich auf die Amtsdauer des Direktoriums. Sie sollte vier statt acht Jahre betragen (Art. 11 der EZB-Statuten). Vor allem sollte es die Möglichkeit der außerplanmäßigen Amtsenthebung von Mitgliedern des Direktoriums geben, einschließlich des Präsidenten und Vize-Präsidenten, sicherlich auf der Grundlage eines wohldefinierten Verfahrens.

Alle Nationalbanken im Eurosystem sollten rein staatliche Organe mit dem Status einer obersten nationalen Behörde sein. Soweit noch relevant, sollte es sich nicht mehr um Aktiengesellschaften mit Anteilen in korporativem und persönlichem Privatbesitz handeln.

---

[10]Siehe auch Sinn (2014, S. 49, 156 f.).

Was die Geschäfte der EZB angeht, muss die unbegrenzte Akkumulation von Zahlungsdefiziten im Zahlungssystem TARGET2 ausgeschlossen werden. Eine derartige Defizit-Anhäufung ist ein Mechanismus der faktisch unkontrollierten Geldschöpfung in der Euro-Schuldenunion. Stattdessen muss es einen Mechanismus der wöchentlichen oder monatlichen finalen Zahlung geben, vielleicht ähnlich dem betreffenden Mechanismus im US Federal Reserve System.

ELA-Kredite (Emergency Liquidity Assistance), die von einzelnen Nationalbanken an heimische Banken vergeben werden, sollten nicht länger erlaubt sein. Auch ELA ist faktisch nur ein Mechanismus, um nationale Verbindlichkeiten und Risiken auf alle Mitglieder der Währungsunion zu verteilen. Das mögliche Zwei-Drittel-Veto des EZB-Direktoriums gegen ELA-Kredite hat sich als eine abstrakte Option erwiesen. Die Währungsunion beruht darauf, die Geldhoheit an die EZB und ihre Beschlussorgane zu übertragen. Eine kohärente Euro-Geldpolitik kann es nicht geben, wenn nationale Euro-Zentralbanken nach eigenem Bedarf Zentralbankgeld bereitstellen. Dass sie das tun, sieht man an den offenen TARGET2-Salden und daran, dass drei Viertel der Zentralbankgeldmenge aus sechs Krisenländern stammen, in denen aber nur ein Viertel davon zirkuliert.[11]

Staatsanleihen, die von Banken gehalten werden, sollen mit Eigenkapital unterlegt werden müssen wie andere Finanzaktiva auch.

„Bail-in vor Bail-out", wie zuerst in den USA durch Dodd-Frank eingeführt, sollte rückgängig gemacht werden. Denn Bail-in mag die Staatskasse schonen, bedeutet aber die Zwangskapitalisierung einer Bank auf Kosten ihrer Kunden, zumal diese überhaupt keine echten Gläubiger ihrer Bank sind, sondern sie durch das Giralgeldregime unfreiwillig dazu gemacht werden. Bail-in ist nichts anderes als ein Zwangs-Bail-out durch die Kunden einer Bank – was in diesem Fall freilich im beiderseitigen Interesse der Regierungen und der Banken liegt. Zu solchen Regelungen greifen Regierungen gerne, um ihre Interventionen nicht durch Steuermittel finanzieren zu müssen.

Im Fünf-Präsidenten-Report der EU von 2015 wurde eine Bankenunion angestoßen. Das Konzept beinhaltet drei Elemente: ein EU-einheitliches Verfahren zur Abwicklung insolventer Banken, eine EU-weite zentrale Bankenaufsicht sowie eine gemeinsame Einlagensicherung.[12] Für die inzwischen eingeführte einheitliche Bankenabwicklung spricht vieles. Es kommt nun darauf an, sich auch daran

---

[11]Sinn (2014, S. 44).
[12]EU-Kommission (2015, S. 11).

zu halten, selbst wenn im akuten Fall momentan noch ein Kunden-Bail-in vorgesehen ist. Für eine zentrale Bankenaufsicht spricht bereits weniger. Sie sollte auf Banken beschränkt bleiben, die nach Volumen und Geschäftsanteil ein bestimmtes Maß an europaweitem Geschäft aufweisen.

Dagegen ist die gemeinsame Einlagensicherung aller Banken in der EU ein schlechter Vorschlag. Er bedeutet nichts anderes als eine Teil-Vergemeinschaftung von Bankverbindlichkeiten. Jeder möchte sich da auf Kosten aller anderen schadlos halten können. Das begann bereits mit dem von Frankreich, Italien und Spanien durchgedrückten Beschluss vom Juni 2012, Mittel des ESM direkt dafür zu verwenden, Insolvenz-gefährdete Banken zu retten.

Hinsichtlich der Bankenaufsicht ist es ein fehlerhaftes institutionelles Arrangement, die EZB inzwischen mit der Aufsicht über die als „systemisch relevant" eingestuften Banken betraut zu haben. Der Ausbau der Europäischen Bankenaufsichtsbehörde wäre richtiger gewesen. Die EZB ist der wichtigste Refinanzierer, gegenwärtig auch der wichtigste Wertpapierhändler der Banken in ihrem Hoheitsbereich. Man könnte von daher zwar meinen, die EZB habe ein Interesse daran, das Geschäftsgebaren der Banken im Auge zu behalten. Die unrealistischen „Stresstests" der EZB besagen etwas anderes. Zentralbanken haben Banken nie vor Missmanagement, Risiko-Überexposition und überschießender Kredit- und Geldschöpfung bewahrt. Denn die Zentralbanken refinanzieren die Banken eben immer, und umso mehr in einer Krisensituation. Die EZB wie auch die nationalen Zentralbanken bedienen heute die Interessen der Banken sehr viel mehr als dass sie die Banken unparteiisch und interessensneutral beaufsichtigen würden.

Eine Zentralbank ist für die Währung und das Geld in dieser Währung zuständig, nicht für die Geschäfte der Banken und Finanzmärkte. Im heutigen Giralgeldregime jedoch haben die Banken monetäre Funktionen usurpiert (Giralgelderzeugung), sodass die Kredit- und Investmenttätigkeit der Banken einerseits und die Geldpolitik der Zentralbanken eines Währungsgebiets andererseits in dysfunktionaler Weise miteinander verquickt sind. Die Zentralbanken sind heute viel zu verstrickt in das Bankengeschäft, um die neutrale und unparteiische Instanz zu sein, die sie – als Zentralbank ebenso wie als Bankenaufseher – sein sollten.

In den Tagen nach dem Brexit-Referendum haben eine Reihe von düpierten EU-Politikern verlautbart, die Engländer würden sich nur selbst schaden, als seien sie ihrer eigenen Anti-EU-Propaganda zum Opfer gefallen. Ein Stück weit sind sie das wohl. Dessen ungeachtet aber hätten die Engländer dann die richtige Wahl getroffen, wenn die Kontinentaleuropäer sich als unfähig erweisen sollten, den Euro neu auszurichten und die EU territorial und funktional zu konsolidieren.

Den Kurs des europäischen Projekts zu korrigieren ist eine Überlebensnotwendigkeit. Dazu gehört die Suspendierung der Zwangsvorstellung einer „immer engeren" und womöglich „noch weiteren" Union zugunsten einer räumlichen und aufgabengenauen Konsolidierung der EU als einer konföderalen Verbundstruktur grundsätzlich souveräner Nationalstaaten mit freiem Binnenmarkt und EU-geregeltem Außenhandel.[13] Ebenso gehört dazu ein Neustart des Euro, der die maßlose Rolle EZB als einer Finanz-Schattenregierung der Euroländer beendet: keine zwischenstaatlichen Bailouts und Finanzhilfen mehr, keine Schuldenvergemeinschaftung, Abwicklung von „Zombiebanken" statt deren Stützung durch die Zentralbanken, keine unbegrenzten TARGET-Salden, keine gemeinsame Finanzhaftung, stattdessen nationale Haftung für nationale Schulden zusammen mit interner nationaler Readaption.

## 3.9  Effektive Geldpolitik durch weniger Bankengeld (Giralgeld) und mehr Zentralbankgeld (Vollgeld)

Die vorangegangenen Überlegungen sind wiederholt auf strukturelle Aspekte des Geld- und Bankwesens gestoßen. In einer monetarisierten und finanzialisierten Wirtschaft ist die Geldordnung die bestimmende Grundlage und Rahmenbedingung für das, was in der Finanz- und Realwirtschaft zum Besseren und Schlechteren möglich ist. Erstaunlicherweise ist man sich dessen nicht sonderlich gewärtig, und damit auch nicht des Sachverhalts, dass Kapitalmärkte und Wirtschaft nicht optimal funktionieren können, wenn das Geldsystem nicht optimal funktioniert. Die heutige Identität von Geld und Kredit, von Geldsystem und Bankensystem, wird unhinterfragt hingenommen und nicht als Problem erkannt. Dabei ist es offensichtlich, dass es das Giralgeldprivileg der Banken ist, das sie von nicht-monetären Finanzinstituten und dem Geld benutzenden Publikum unterscheidet.

Die allgemeine Ausbreitung des bargeldlosen Zahlungsverkehrs in den letzten hundert Jahren hat es mit sich gebracht, dass die Geldhoheit nun faktisch vor allem bei den Banken liegt, nicht mehr bei den Regierungen bzw. staatlichen Zentralbanken, wo sie staatsrechtlich gesehen als monetäre Prärogative hingehört, in einer Reihe mit den Monopolen der Gesetzgebung, Rechtsprechung, gebietskörperschaftlichen Verwaltung, dem Steuer- und Gewaltmonopol.

Durch die Identität von Geld und Kredit sind die Geldpolitik der Zentralbanken und die Bankengeschäfte allzu eng miteinander verzahnt, freilich asymmetrisch, indem die Zentralbanken den monetären Aktionen der Banken, die sie doch angeblich kontrollieren, reaktiv nachgeordnet sind. Solange monetär fast alles durch die pro-aktive Giralgeldschöpfung der Banken im Zuge ihrer Kredit- und

---

[13]Mayer (2014, S. 181 ff.).

Investmentgeschäfte bestimmt wird, weil und solange die Zentralbanken stets refinanzieren, so lange kann es eine wirksame Geldpolitik der Zentralbanken nicht geben, sondern immer nur nachträglichen Vollzug, insbesondere auch beim Krisenmanagement, der monetären Tatsachen, welche die Banken im Vorlauf erzeugen. Wissenschaft und Politik aber behandeln das Giralgeldregime noch immer wie den sprichwörtlichen *„elephant in the room"*.

Eigentlich müsste die No-Bailout-Regel bezüglich der Staatsfinanzen um eine komplementäre No-Bailout-Regel bezüglich der Banken vervollständigt werden. Mancherlei bürokratische Bankenregulierung wird denn auch damit gerechtfertigt, künftige Bankenrettungen auf Kosten der Staatskasse zu vermeiden. Aber gegenwärtig implementierte Reformen wie zum Beispiel *Living Wills* nach Dodd-Frank (selbst erstellte Abwicklungspläne) und vor allem die neuen Basel-Regeln zur Liquidität und zum Eigenkapital der Banken werden letztlich nur Kosten verursachen und wenig nützen. Denn das Eigenkapital wird von Nichtbanken mit nichts anderem bezahlt als dem Giralgeld, das der Bankensektor selbst erzeugt. Ein bestimmtes Verhältnis von Eigenkapital zu ausstehenden Krediten mag daher kurzfristig etwas bremsend wirken, wird längerfristig aber praktisch nichts ändern solange das Giralgeldprivileg der Banken fortbesteht, die Zentralbanken eine wirksame konventionelle Geldpolitik deshalb nicht betreiben können und das Giralgeld der Leute als Geisel in den Bankbilanzen gehalten wird.

Vor diesem Hintergrund sollten die Akteure der Währungsunion in ihrer verzweifelten Suche nach wirksamen „unkonventionellen" Mitteln und Möglichkeiten schließlich jene ins Auge fassen, die die meisten von ihnen bisher krampfhaft übergehen: Vollgeld, eine Reform der Geldschöpfung, welche die falsche Identität von Geld und Bankenkredit aufhebt, indem das Giralgeld durch Zentralbankgeld ersetzt wird, oder auch dadurch, dass die Zentralbanken digitales Bargeld in Nachfolge des traditionalen Bargelds (Münzen, Banknoten) in Umlauf bringen.[14] Was die Eurozone betrifft, würden diese Mittel – Vollgeld i. S. unbeschränkter gesetzlicher Zahlungsmittel – ausschließlich von der EZB in Umlauf gebracht.

Eine Reform der Geldschöpfung, die das Giralgeld nach und nach ausschleust und Vollgeld an seine Stelle setzt, würde die Kontrolle über den Geldbestand herstellen und dadurch eine wirksame Geldpolitik der Zentralbanken wieder ermöglichen.[15] Wie bisher das traditionale Bargeld, so würde sich auch Vollgeld

---

[14]Literatur und Beiträge zum Thema ‚digital currency' auf www.vollgeld.de/digitales-zentralbankgeld-und-vollgeldkonten.

[15]Zu Gründen, Prinzipien und Details einer Vollgeldreform vgl. u. a. Mayer und R. Huber (2014); Gudehus (2016); Huber (2016, 2017).

im sicheren Besitz der jeweiligen Halter befinden, sei es als unbares Vollgeld auf Geldkonten und mobilen Geldspeichern oder als digitales Zentralbankgeld auf Blockchainbasis oder auf Grundlage einer anderen Technik. Ein Vollgeldsystem ermöglicht ein jederzeit ausreichendes, stabiles und flexibel justierbares Geldangebot. Es würde den extremen Übersteuerungen der Finanz- und Wirtschaftszyklen von heute Grenzen setzen und damit auch vorbeugen gegen zu niedrige ebenso wie zu hohe Realzinsen, Inflation, übermäßige Wechselkurs-Schwankungen, Asset-Inflation und Blasenbildung. Als willkommenes Nebenprodukt fällt infolge eines Übergangs von Giralgeld zu Vollgeld einmalig eine hohe Konversions-Seigniorage an. Diese würde es ermöglichen, die Staatsschulden erheblich zu verringern auch ohne Kapitalschnitte und Austeritätsauflagen.

# Was Sie aus diesem *essential* mitnehmen können

- ... dass der Euro nicht wegen ungleicher Wirtschaftskraft oder unausgeglichenen Handelsbilanzen zu scheitern braucht, solange man sich an die Regeln hält: No bailout, nationale Verantwortung für nationale Schulden, interne nationale Readaption statt gemeinschaftlicher Schwachwährungspolitik.
- ... dass die transatlantische Bankenkrise und die Staatsschuldenkrise nicht im Interesse der Rettung der Banken und überschuldeter Staatshaushalte zu einer Krise des Euro oder gar der EU hätte stilisiert werden dürfen, und die Konfrontation zwischen südlichen und nördlichen Euroländern vermieden worden wäre, hätten sich die Staaten des Euro-Nordens nicht anstelle der Banken und Finanzfirmen zu Gläubigern des Euro-Südens gemacht.
- ... dass die Krisenpolitik der EZB und der Eurostaaten bisher zwar einen Zusammenbruch verhindern konnte, es aber nicht vermochte, eine neue selbsttragende Wirtschaftsdynamik in Gang zu bringen. Eine solche kann erst eintreten, wenn die öffentlichen und privaten Schulden deutlich verringert und neue Geldströme in realwirtschaftliche Investitions- und Konsumausgaben gelenkt werden statt wie bisher ausschließlich in Banken und andere Finanzfirmen zur Stützung der hypertrophierten Finanzvermögen und Schulden.
- ... dass der Marsch in die Schulden- und Haftungsunion abgebogen werden kann durch eine positive Reformpolitik. Diese würde, mittels einer Schuldenkonferenz, um ein gewisses Maß an Kapital- bzw. Schuldenschnitt kaum umhin kommen, muss aber auch die Übernahme statt Abwälzung korporativer und nationaler Haftung wieder in den Vordergrund stellen. Das gesetzliche Mandat der EZB hinsichtlich ihrer Aufgaben, Ziele und Instrumente bedarf einer Spezifizierung ebenso wie die Statuten des Eurosystems einer Revision in Einzelpunkten.

© Springer Fachmedien Wiesbaden GmbH 2018
J. Huber, *Der Euro,* essentials, DOI 10.1007/978-3-658-19319-5

- Eine positive Euro-Reformpolitik würde wirksam unterstützt durch geld- und kreditpolitische Maßnahmen in Richtung einer Vollgeldordnung, um wieder eine wirksamere konventionelle Geldmengen- und Zinspolitik der Zentralbanken zu ermöglichen und künftigen Fehlentwicklungen besser vorzubeugen.

# Literatur


Atkinson, A.B. 2015. *Inequality*. Cambridge, MA: Harvard University Press.

Bernanke, B. 2016. What tools does the Fed have left? Part 3: Helicopter money, *Bernanke's Blog*. www.brookings.edu/blogs/ben-bernanke/posts/2016/04/11-helicopter-money. Zugegriffen: 11. Apr 2016.

Blankart, C.B. 2013. D-Mark, Euro, Eurokrise und danach. *Vierteljahreshefte zur Wirtschaftsforschung* 82 (2013): 9–23.

Brinke, A. auf dem, H. Enderlein, und J. Fritz-Vannahme. Hrsg. 2016. *What kind of convergence does the euro area need?* Gütersloh: Jacques Delors Institut, Berlin, und der Bertelsmann Stiftung.

Brunnermeier, M., H. James, und J.P. Landau. 2016. *The euro and the battle of ideas.* Princeton, NJ: Princeton University Press.

Bundesverband mittelständische Wirtschaft (Hg): *Die Parallelwährung – Optionen, Chancen, Risiken*, Berlin, Dezember 2012.

Deutsche Bank Research. 2017. Understanding Eurozone break-up. How much would the euro drop? Special Report 9 März 2017.

Diaz-Alejandro, C.F. 1984. *Good-bye financial repression, hello financial crash*, Kellogg Institute working paper #24, August 1984.

Enderlein, H., E. Letta, und A. de Geus, Hrsg. 2017. *Seizing the moment for euro area reform*. Gütersloh: Delors Institut Berlin und der Bertelsmann Stiftung.

EU-Kommission. 2017a. *White paper on the future of Europe*. Brussels, März 2017.

EU Commission. 2017b. *Reflection paper on on the deepening of the economic and monetary union*, Brussels, Mai 2017.

EU-Kommission. 2015. *Completing Europe's economic and monetary union*, Brussels.

Felipe, J., Kumar, U. 2011. *Unit labor costs in the Eurozone: The competitiveness debate again*, Levy Economics Institute of Bard College, Working Paper No. 651, Februar 2011.

Financial Crisis Inquiry Committee. 2011. *Report of the national commission on the causes of the financial and economic crisis in the United States*. Washington, DC: US Government Printing Office.

Folkerts-Landau, D. 2017. Amerika wirft Deutschland vor, den Wechselkurs zu manipulieren, *Frankfurter Allgemeine Sonntagszeitung*, Nr. 6, 12 Feb 2017, 22.



© Springer Fachmedien Wiesbaden GmbH 2018

J. Huber, *Der Euro*, essentials, DOI 10.1007/978-3-658-19319-5

Godley, W., und M. Lavoie. 2007. *Monetary economics. An integrated approach to credit, money, income, production and wealth*. London: Palgrave.

Goodhart, ChAE. 1998. The two concepts of money – implications for the analysis of optimal currency areas. *European Journal of Political Economy* 14 (1998): 407–432.

Gudehus, T. 2016. *Neue Geldordnung*. Wiesbaden: Springer/Gabler.

Huber, J. 2016: *Monetäre Modernisierung*. 5. neu bearb. Aufl. Marburg: Metropolis.

Huber, J. 2017. *Sovereign money. Beyond reserve banking*. London: Palgrave.

Jackson, A., und B. Dyson. 2013. *Sovereign money*. London: Positive Money.

Lapavitsas, C. 2012. *Crisis in the Eurozone*. London: Verso Books.

Marsh, D. 2009. *The euro. The battle for the new global currency*. New Haven: Yale University Press.

Marsh, D. 2013. *Europe's deadlock*. New Haven: Yale University Press.

Mauldin, J., Tepper, J. 2011. *Endgame. The end of the debt supercycle and how it changes everything*, Hoboken, NJ: Wiley.

Mayer, Th. 2013. *Europas unvollendete Währung*. Weinheim: Wiley-VCH.

Mayer, Th. 2014. *Die neue Ordnung des Geldes*. München: FinanzBuch Verlag.

Mayer, Th, und R. Huber. 2014. *Vollgeld*. Marburg: Tectum.

Mensching, Ch. 2014. Das Verbot der monetären Haushaltsfinanzierung in Art. 123 Abs. 1 AEUV – eine kritische Bestandsaufnahme, *Europarecht* 49 (3): 333–345.

Minsky, H.P. 1986. *Stabilizing an unstable economy*. New Haven: Yale University Press.

Mongelli, F.P. 2002. *"New" views on the optimum currency area theory: what is EMU telling us?* European Central Bank, Working paper series, No. 138, Frankfurt.

Mongelli, F.P. 2008. *European economic and monetary integration, and the optimum currency area theory*, Directorate-General for Economic and Financial Affairs of the European Commission, Economic papers, No. 302, Brussels.

Mundell, R. 1961. A theory of optimum currency areas. *The American Economic Review* 51 (4): 657–665.

Peukert, H. 2012. *Die große Finanzmarkt- und Staatsschuldenkrise*, 4. überarb Aufl. Marburg: Metropolis.

Reinhart, C.M., und M.B. Sbrancia. 2015. *The Liquidation of Government Debt*, International Monetary Fund, Working Paper wp/15/07.

Reitz, S., und Th Jost. 2017. 25 Jahre Maastrichter Verträge. Divergenzen und Reformen. *Wirtschaftsdienst* 2017 (2): 1–6.

Riehle, G. 2016. *Eurokrise – Verzicht auf den Euro als Chance für Europa*. Baden-Baden: Nomos.

Schnabl, G. 2014. Negative Umverteilungseffekte und Reallohn-Repression durch unkonventionelle Geldpolitik. *Wirtschaftsdienst* 94 (11): 792–797.

Schröder, Ch. 2015. Lohnstückkosten im internationalen Vergleich. *IW-Trends* 4 (2015): 91–110.

Shiller, R.J. 2015. *Irrational Exuberance,* revised and expanded 3 Aufl. Princeton NJ: Princeton University Press.

Sinn, H.-W. 2014. *Gefangen im Euro*. München: Redline.

Sinn, H.-W. 2015. *The Greek tragedy*, CESifo Forum, Special Issue, München, June 2015.

Smith, J. 2014. Financial repression – myth, metaphor and reality, *Open Democracy UK*. www.opendemocracy.net/ourkingdom/jeremy-smith/financial-repression-myth-metaphor-and-reality. Zugegriffen: 3. März 2014.

Stiglitz, J.E. 2016. *The Euro – how a common currency threatens the future of Europe.* New York: Norton.

Streeck, W. 2014. *Buying time. The delayed crisis of democratic capitalism.* London: Verso Books.

Streeck, W. 2015. Why the euro divides Europe, *New Left Review* 95 (9/10): 776–787.

Stützel, W. 1958. *Volkswirtschaftliche Saldenmechanik. Ein Beitrag zur Geldtheorie,* Nachdruck 2. Aufl. 2011. Tübingen: Mohr Siebeck.

Turner, A. 2015. *Between debt and the devil. Money, credit and fixing global finance.* Princeton, NJ: Princeton University Press.

Vaubel, R. 2012. Die Politische Ökonomie der Staatsschuldenkrise und die Zukunft des Euro. In *Die Zukunft der Währungsunion,* Hrsg. D. Meyer. Münster: LIT.

Wolf, M. 2014. *The shifts and the shocks. What we've learned from the financial crisis and have still to learn.* London: Allen Lane.

Wray, L.R. 2012. *Modern money theory.* New York: Palgrave.